大学入試

"すぐ書ける"

自由英作文

肘井学 著

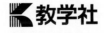

は じ め に

本書は、発信型の英語がますます重視される昨今において、**Writing の主流になる自由英作文の対策書**となります。

長年自由英作文の授業をしていて、絶対の自信を持ってすすめられる参考書がなかなかありませんでした。本書は、今まで教えてきたすべての生徒からの声を集めたもので、**絶対の自信を持っておすすめできる**ものです。

自由英作文の対策で不安なのが、**本番でしっかりと書けるかわからない、本番で自分の知らないテーマが出たらどうしたらいいかわからない**、といった不安でしょう。

その不安を解消するために、本書では**過去 10 年以上に及ぶ過去問のデータ**から、**70 題もの重要問題をピックアップ**しました。かつ、それらを分野ごとにわけて、**重要度ごとに A ～ C ランクへと分類**しています。

本書の最大の特徴は、1 つのテーマで学んだ賛成や反対の根拠を、一見異なるように見えるテーマへと横断して応用していくことです。そうすることで、**過度な負担から解放されて、多様なテーマを処理できる**ようになります。**最小の努力で最大の効果を**。これを念頭に本書を書き上げました。

本書で扱うテーマは、**英検 2 級～ 1 級の Writing、二次試験の Speaking** でも頻出のものばかりになります。本書で**一生モノの作文力**を身につけてください。

肘井 学

目 次

特別付録 　別冊 ファイナル・チェックリスト

本書で用いている主な記号・略号

( ) 補足・省略可能　　〔 〕 言い換え可能　　／・,、 列挙

S 主語　　V 動詞　　O 目的語　　C 補語　　M 修飾語　　*A B* 〜… 任意の語句

to *do* 不定詞　　*doing* 動名詞や現在分詞　　*do* 原形動詞　　p.p. 過去分詞

be be動詞　　*one's* 人称代名詞の所有格の代表形　　*oneself* 再帰代名詞の代表形

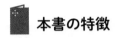 **本書の特徴**

その1 最小の努力で最大の効果を

　本書は、1つのテーマで扱った賛成・反対の根拠を、それ以外のテーマに応用することで、**最小の努力で最大の効果**をあげられるように工夫しています。受験生の立場では、英語だけでも、非常に多岐にわたる学習をしなければいけません。それに加えて、他科目も学習する必要があります。そのために、自由英作文にかける時間を最小限にできるように、書き上げました。

その2 重要度順に A 〜 C のランクづけをした 70 題の頻出テーマ！

　p. 8 で掲載している通り、過去 10 年以上に及び大学入試で実際に出題された**自由英作文の頻出テーマを分析**し、**重要度順に A 〜 C とランクづけ**をしています。試験本番まで時間がない人は、**A ランクから順に**学習してください。ランク順にメリハリをつけて学習することができます。

その3 20 の ＋ 便利な横断表現

　＋ 便利な横断表現とは、**複数のテーマを横断して使用できるとても便利な英文**です。例えば、**S can become addicted to 〜 .「〜に依存する可能性がある」**という表現は、**携帯電話の功罪、SNS の利点と欠点、インターネットの功罪、カジノ誘致への賛否、ファーストフードへの賛否、砂糖税への賛否**といった、複数のテーマにおいて横断的に使用できます。p. 10 に ＋ 便利な横断表現 の一覧を掲載しています。また、直前に見直せるように別冊にもまとめました。

その4 自由英作文の全出題形式に対応

　本書では、**意見提示タイプ、感想文タイプ、図表・グラフ・イラスト・4 コマ・写真描写タイプ、手紙・メール返信タイプ**と、大学入試で出題されるあらゆる形式に対応できるように、体系化しています。自分の志望校の出題形式をチェックして、優先順位をつけてマスターしていきましょう。

その5 ネイティブチェック＋書きやすさを配慮した模範解答

　本書の模範解答は、当然ながらすべてネイティブチェックを入れています。同時に、受験生にとって書きやすいレベルを考慮して、高度な語彙や言い回しを避けて作成してあります。理解をしたのちに、丸暗記して試験本番にのぞんでください。

その6 あらゆる英語試験に対応した自由英作文の解説書

　自由英作文は、大学入試のみならず、英検や TEAP、そして TOEIC の Writing Test でも出題されます。本書を用いて頻出テーマに親しみ、 便利な横断表現 を用いた解答の書き方を身につけておくことで、自由英作文はもちろんのこと、英検や TEAP などの Speaking Test にも応用できる力が身につきます。

その7 試験直前に見直すファイナル・チェックリスト

　試験直前でも、70 題のテーマの**解答の筋道と論拠**をすぐに見直せるように、別冊で**ファイナル・チェックリスト**を設けています。人の記憶は時の経過とともに薄れていくのが当然です。何度も、かつ試験直前に見直すことで、本番でも本書で学んだ知識をしっかりと書くことができるように別冊を用意しました。

その8 基礎レベル〜東大レベルにまで対応

　本書の出典は、**一般私大から早慶などの最難関私大**、そして**地方国公立大から東大**に至るまで、**これ一冊であらゆるレベルの自由英作文に対応できる構成**となっています。特に、東大の過去問は良問が多いために、複数題使用しています。

●本書における「テーマ」について

実際に出題された問題を分析し、よく問われる問題の
エッセンスを抽出しています。

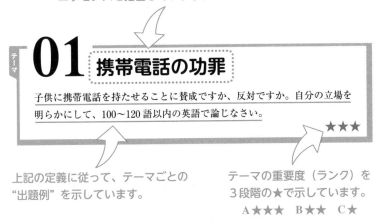

テーマ 01 携帯電話の功罪

子供に携帯電話を持たせることに賛成ですか、反対ですか。自分の立場を
明らかにして、100〜120語以内の英語で論じなさい。

★★★

上記の定義に従って、テーマごとの
"出題例"を示しています。

テーマの重要度（ランク）を
3段階の★で示しています。
A★★★　B★★　C★

●模範解答の流れは、別冊でカクニン！

☑ 本書では、第1章冒頭で、**自由英作文の型** を紹介しています（p.16-17）。
☑ 模範解答内において、青い文字に注目すると、**自由英作文の型** で紹介して
いる書き方がよくわかるようになっています。

議論の流れは、別冊と対照しましょう。

流れが
シンプルに
まとまっていて
復習しやすい！

●本冊の「模範解答」

模 範 解 答

I disagree with this opinion. It is true that there are some advantages for cell phones. For example, children can get a lot of information through cell phones easily. However, the information they get on the Internet might be false or incorrect. I disagree with allowing children to have cell phones for the following reasons.

First, children can become addicted to cell phones. They cannot help using cell phones. They always play games on cell phones even while traveling.

Second, they might get involved in crimes through cell phones. They might get into trouble with people they come to know on the Internet.

For these reasons, children should not have their own cell phones.

(114 words)

●別冊の「解答の筋道と論拠」

01 ★★★ 携帯電話の功罪

主張	子供に携帯電話を持たせることに反対
	I disagree with this opinion
譲歩	情報検索機能
	They can get a lot of information through cell phones easily. ▶▶ ③
逆接↓反論	情報が誤っている可能性がある
	The information they could get on the Internet might be false or incorrect.
根拠1	携帯依存症
	They can become addicted to cell phones ▶▶ ①
根拠2	犯罪に巻き込まれる恐れ
	They might get involved in crimes through cell phones. ▶▶ ②

自由英作文 ランク別テーマ集

> **第1章・第2章** 意見提示タイプの自由英作文

番号	テーマ	分野	重要度(ランク)
01	携帯電話の功罪	IT・テクノロジー	
02	SNS の利点と欠点	IT・テクノロジー	
03	インターネットの功罪	IT・テクノロジー	
04	人工知能への賛否	IT・テクノロジー	
05	自動運転車への賛否	IT・テクノロジー	**A** ★★★
06	地球温暖化への取り組み	環境	
07	原発と再生可能エネルギーへの賛否	環境	
08	少子高齢化社会の対策	社会	
09	男女平等を推進する方法	社会	
10	空き家の有効活用	社会	
11	オリンピック開催の功罪	社会	
12	カジノ誘致への賛否	社会	
13	インバウンド（訪日外国人観光客）の増加への賛否	社会	
14	グローバリゼーションへの賛否	社会	
15	ファーストフードへの賛否	社会	
16	海外旅行と留学のメリット	言語	**B** ★★
17	英語の早期学習への賛否	言語	
18	第二外国語の学習への賛否	言語	
19	英語の社内公用語化への賛否	言語	
20	若者の本離れの原因と本を読むメリット	社会	
21	本から学ぶか経験から学ぶか	社会	
22	電子書籍と紙の本のどちらが好きか	社会	
23	死刑制度への賛否	社会	
24	成功から学ぶか失敗から学ぶか	哲学	
25	不老不死への賛否	哲学	
26	嘘をつくのは常に悪いことか	哲学	
27	田舎と都会どちらに住みたいか	社会	
28	同性婚への賛否	社会	
29	砂糖税への賛否	社会	
30	日本人の幸福感が低い原因とその対策	社会	
31	大学の9月入学への賛否	教育	**C** ★
32	アルバイト禁止への賛否	教育	
33	いじめを止める方法	教育	
34	喫煙の全面禁止への賛否	社会	
35	ボクシングはオリンピックの種目であるべきか	社会	
36	臓器売買への賛否	社会	
37	安楽死への賛否	社会	
38	世界の言語が1つだったら	言語	
39	歩きスマホの問題点	IT・テクノロジー	
40	レジ袋の有料化への賛否	環境	

第3章 感想文タイプの自由英作文

番号	テーマ	重要度(ランク)
41	大学入学後にやりたいこと	A ★★★
42	一番好きなもの	
43	訪日外国人観光客におすすめの場所	
44	失敗から学んだ大事な教訓	
45	偉人と話せるなら誰と、何を話したいか	
46	タイムマシーンがあったら	B ★★
47	理想の先生	
48	日本のマンガやアニメが人気の理由	
49	テクノロジーによる過去最大の変化	
50	最高のプレゼント	
51	人生で誇れること	
52	世界を変えられるなら何をするか	C ★
53	無人島に水以外で何を持っていくか	
54	ジェネレーションギャップの具体的説明	
55	十年後の自分	

第4章 図表・グラフ・イラスト・4コマ・写真描写タイプの自由英作文

番号	出題形式	テーマ
56	図表	外国人に温泉の魅力を伝える方法
57	グラフ	女性の社会進出への賛否
58	グラフ	再生可能エネルギーのメリット
59	グラフ	日本の若者の自尊心の低さについて
60	グラフ	高校でスマホを制限すべきか否か
61	イラスト	—
62	イラスト	—
63	4コマ	—
64	写真	—
65	写真	—

第5章 手紙・メール返信タイプの自由英作文

番号	テーマ
66	日本でおすすめのお祭りとその理由
67	クローン研究への賛否
68	お金持ちになったら何をするか
69	仕事で給料以外に大切なこと
70	日本でのおすすめの過ごし方

✢ 便利な横断表現 一覧

横断表現	応用可能なテーマ
① 依存症 S can become addicted to 〜.	01 携帯電話の功罪 02 SNS の利点と欠点 03 インターネットの功罪 12 カジノ誘致への賛否 15 ファーストフードへの賛否 29 砂糖税への賛否 49 テクノロジーによる過去最大の変化
② 犯罪に巻き込まれる恐れ S might get involved in crimes through 〜.	01 携帯電話の功罪 02 SNS の利点と欠点 03 インターネットの功罪 60 高校でスマホを制限すべきか否か
③ 情報検索機能 S can get a lot of information through 〜.	01 携帯電話の功罪 02 SNS の利点と欠点 03 インターネットの功罪 20 若者の本離れの原因と本を読むメリット 21 本から学ぶか経験から学ぶか 49 テクノロジーによる過去最大の変化
④ コミュニケーション機能 S offer(s) various communication tools.	01 携帯電話の功罪 02 SNS の利点と欠点 03 インターネットの功罪 49 テクノロジーによる過去最大の変化

横断表現	応用可能なテーマ
⑤ 自動運転車は飲酒運転を減らすことができる Self-driving cars can reduce the number of drunk drivers.	04 人工知能への賛否 05 自動運転車への賛否
⑥ 経済の活性化 S will energize the economy.	11 オリンピック開催の功罪 12 カジノ誘致への賛否 13 インバウンドの増加への賛否 14 グローバリゼーションへの賛否 15 ファーストフードへの賛否
⑦ 治安の悪化 S will not be safe because of certain crimes.	12 カジノ誘致への賛否 13 インバウンドの増加への賛否
⑧ 地域固有の文化を破壊 S might destroy the local culture.	14 グローバリゼーションへの賛否 15 ファーストフードへの賛否
⑨ 文化の多様性の認識 S can recognize cultural diversity.	16 海外旅行と留学のメリット 18 第二外国語の学習への賛否
⑩ 心の充実 S will make O more fulfilled.	20 若者の本離れの原因と本を読むメリット 21 本から学ぶか経験から学ぶか

横断表現	応用可能なテーマ
⑪ 消費減退に苦しむ S would cause O to suffer from consumer recession.	29 砂糖税への賛否 34 喫煙の全面禁止への賛否
⑫ 自由主義論 If S voluntarily decide to *do* 〜, S should be allowed to do so.	35 ボクシングはオリンピックの種目で 　あるべきか 36 臓器売買への賛否 37 安楽死への賛否
⑬ 倫理観違反 It is unethical to *do* 〜.	36 臓器売買への賛否 37 安楽死への賛否 67 クローン研究への賛否
⑭ 高校入試での失敗 I failed the high school entrance examination.	44 失敗から学んだ大事な教訓 46 タイムマシーンがあったら 51 人生で誇れること
⑮ 友情・努力・勝利の大切さ S can teach O the importance of friendship, effort, and victory.	42 一番好きなもの 48 日本のマンガやアニメが人気の理由

横断表現	応用可能なテーマ
⑯ 失敗から立ち上がって、前に進むことが大切 It is important to get up after failure and move forward.	44 失敗から学んだ大事な教訓 51 人生で誇れること
⑰ 企業による育児支援、父親の育児休暇奨励、会社内託児所の設置 **S should also** promote paternity leave and set up day-care centers in their facilities.	08 少子高齢化社会の対策 09 男女平等を推進する方法 57 女性の社会進出への賛否
⑱ 原子力は極めて危険 Nuclear power is extremely dangerous.	07 原発と再生可能エネルギーへの賛否 58 再生可能エネルギーのメリット
⑲ 再生可能エネルギーはきれいで環境にやさしい Renewable energy sources are clean and eco-friendly.	07 原発と再生可能エネルギーへの賛否 58 再生可能エネルギーのメリット
⑳ 人助け I would like to help those who are in trouble.	41 大学入学後にやりたいこと 55 十年後の自分 68 お金持ちになったら何をするか 69 仕事で給料以外で大切なこと

＊横断表現の詳しい英文は、別冊の p. 29-32 に一覧を掲載してあります。

本書の使い方

優先度順に学習を進める

　まずは、第１章の自由英作文の型を身につけるから入って、自由英作文の書き方のルールを学んだ後、優先度の高いテーマから順に進めていきます。第１章の例で取り上げた携帯電話の功罪や第２章のインターネットの功罪、人工知能への賛否、地球温暖化への取り組み、原発と再生可能エネルギーへの賛否、少子高齢化社会の対策、男女平等を推進する方法などの A ランクを完璧にします。それから続けて、B ランク、C ランクと進めていきます。一方で、感想文タイプの自由英作文や、図表・グラフ・イラスト・４コマ・写真描写タイプの自由英作文が出る大学を志望の方は、第３・４章の該当ページから学習を進めてください。

模範解答を模写する

　本書に掲載している模範解答は、徹底して練り上げてあります。あえて複数の解答パターンを用意せずに、どのテーマにもほぼ同様の「型」で作成しています。ネイティブチェックを入れ、可能な限り再現しやすい簡単な表現を使用しています。それぞれのテーマの模範解答を何度も模写して、何度も唱えて自分で書けるように仕上げていきましょう。

試験直前の確認に使う

　人の記憶は、最初にふれたその日からどんどん薄れていくのが通常です。一番近くでふれた知識が一番確かなので、試験前日や直前に、別冊のファイナル・チェックリストで知識を確認して、本番にのぞんでください。

第 1 章

自由英作文の型を身につける

意見提示タイプ

ある事柄に対して、自分の意見を述べることを求められるタイプの出題。

Aランク ★★★
過去に何度も出題されており、今後も
高い確率で出題が予想されるテーマ

自由英作文の型

自由英作文は型が決まっている！

　自由英作文という文字だけ見ると、まるで自由に思ったことを書いていいような印象を受けますが、決してそんなことはありません。実は、**きちんとした型が決まっている**のです。その型から外れてしまうと、どんなに良い内容を書いていても合格点には達することができません。まずは、**自由英作文の型を身につけましょう。**

自由英作文の型は、 主張 ➡ 根拠 ➡ 結論 （＝主張の再提示）

　自由英作文の型とは、簡単に言うと、最初に結論となる**主張**を提示して、次にその**根拠**を述べて、最後に**結論すなわち主張を再提示**することです。参考書によっては、主張をトピック・センテンス、根拠をサポーティング・センテンス、結論をコンクルージョンと表現しますが、要は 主張 ➡ 根拠 ➡ 結論 （＝主張の再提示） ということです。

主張 は I agree with ～ . か should

　最初の**主張**は、**I agree with ～ .** か **I disagree with ～ .**、あるいは賛成意見に**should**、反対意見に **should not** をつけて表現します。I think ～ . や I do not think ～ .や I believe ～ . や I do not believe ～ . も主張を導く表現で使われることがあります。

譲歩→逆接→反論の流れで 主張 に肉づけする

　続けて、**譲歩→逆接→反論**の流れを作ることで、根拠へつなげて、**主張の肉づけ**をします。譲歩とは、「確かに～」のように反対意見の一部を取り上げることで相手の主張を封じて説得力を高める手法です。語数を最も稼ぐことのできる **It is true that ～ .（譲歩）➡ However, … .（逆接）** をおすすめします。

❝ 反論→根拠の流れ

　反論表現を用いる際は、根拠につながるように工夫しましょう。最初の譲歩に対して、うまく反論が思いついたならば、However, のうしろにその表現を続けます。そして、I agree〔disagree〕with this idea **for the following reasons**.「私はこれに対して、以下の理由で賛成〔反対〕する」とします。

　続いて、段落を変えて **First, 〜 .、Second, 〜 .、Finally, 〜 .** と根拠を列挙していきます。100 語前後の英作文の出題が一番多いので、**2 つの根拠の列挙**が望ましいでしょう。語数が 200 語や 300 語の場合は、根拠を 3 つ列挙していくことになります。

❝ 万能な反論表現

　もっとも、試験本番ではきれいな反論表現が思いつかない可能性もあるので、その場合はこの表現をおすすめします。**There are more advantages to this than disadvantages.**「このことは、マイナス面よりもプラス面の方が多い」という意味です。譲歩であげた 1 つの反対説の根拠に対して、段落を変えて自説の根拠を 2 つ以上列挙していきます。

❝ 結論 は、For these reasons, 〜 . か In conclusion, 〜 .

　最終段落の**結論**（＝主張の再提示）は、前で**複数の根拠**をあげたなら **For these reasons, 〜 .**「以上の理由から、〜」、前で **1 つの根拠**だったなら **In conclusion, 〜 .**「結論として、〜」を使います。文法と単語を適切に使えば点数が大きく変わることはありません。

　では、次のページから、自由英作文の最頻出テーマの 1 つの**携帯電話の功罪**について、ここまでで学んだ**自由英作文の型**をベースにして作った模範解答を具体的に見ていきます。

　なお、本書に登場する**模範解答はすべてネイティブチェックをかけてある自然な英文**なので、しっかりと理解をしたうえで、**何度も音読して模写して丸暗記**してください。

01 携帯電話の功罪

子供に携帯電話を持たせることに賛成ですか、反対ですか。自分の立場を
明らかにして、100〜120 語以内の英語で論じなさい。

ここ数年の大学入試の自由英作文で最も出題されているテーマの１つなので、必ず書
けるようにしておきましょう。それには、携帯電話のメリットとデメリットを瞬時にあ
げられるようにしておき、それを英語に変える力が必要になります。

" 携帯電話のメリット

では、早速ですが、携帯電話のメリットとは何でしょうか。

まずは、携帯電話を持つことで、**情報検索機能**が手に入ります。携帯電話でネット検
索をすることで、たくさんの情報を瞬時に入手することができます。

> **❶ 情報検索機能**
>
> You can get a lot of information through cell phones easily.
>
> +α You can immediately search for information that you want through the Internet.
> ネットで検索することで、ほしい情報を瞬時に入手することができる。

メリットの２つめに進みます。携帯電話では**様々なコミュニケーション機能を使用す
る**ことができます。電話が使えない場所ではメールを使うこともできます。メールによ
って世界中の人とつながることができます。英語にすると、以下のようになります。

❷ コミュニケーション機能

    Cell phones offer various communication tools.

+α　Cell phones enable you to contact someone anytime, anywhere. You can communicate by e-mail when you must not speak on the phone.

携帯電話はいつでもどこでも連絡が取れる。電話で話せない時でも、メールによって意思疎通ができる。

続いて、携帯電話のデメリットを見ていきます。

携帯電話のデメリット

携帯電話を子供に持たせると、**携帯依存症になる恐れ**が出てきます。大人でも四六時中携帯電話をいじってしまうので、子供に持たせると余計にこの恐れが強くなります。英語でまとめると、以下のようになります。

❸ 携帯依存症

    You can become addicted to cell phones.

+α　Using cell phone is inevitable. People always play games on cell phones even while traveling.

いつも携帯をさわらずにはいられない。移動時間も常に携帯ゲームをしている。

続いて、**犯罪に巻き込まれる恐れ**があります。ネットを通じて知り合った人との間に起こる悪質な犯罪があとをたたないのも事実です。

❹ 犯罪に巻き込まれる恐れ

    You might get involved in crimes through cell phones.

+α　You might get into trouble with people you come to know on the Internet.

ネットを通じて知り合った人と、トラブルに巻き込まれる可能性がある。

❝ プラス 1 文加える

　ここまでのメリット・デメリットで見てきたように、**プラス 1 文を加える**ようにしてください。日本語の感覚ではなかなかこれが難しくて、ついつい 1 文だけで終えてしまいがちですが、英語では最低 2 つの文を続けるようにしましょう。コツは、**前の文を具体化すること**です。例えば、携帯電話のメリット❷の**コミュニケーション機能**を、続く文で「**いつでも、どこでも連絡が取れて、電話で話せない時もメールで連絡することができる**」と具体化することで、説得力が生まれて、より英語らしくなります。

❝ 応用する

　今回の設問では、「子供に携帯電話を持たせる」のように、具体的に主語が決まっているので、それに合う主語で、解答を書くことが必要になります。ここまで見てきた、メリット、デメリットの主語を、You から Children や They に書き換えて応用しましょう。

❝ 解答を組み立てる

　では、実際に解答を作ってみましょう。

　まずは 主張 をはっきりと書きます。I disagree with this idea. です（→ p. 16-17）。

　次に、**譲歩で反対意見**（携帯電話を持たせることに賛成）の一部を出して、打ち消します。模範解答では❶**情報検索機能**を取り上げました。そして、第 2 段落から**携帯電話のデメリット**をあげて、反論を展開していきます。ここでは、根拠として❸**携帯依存症**と、❹**犯罪に巻き込まれる恐れ**をあげます。

　最後に、 結論 （＝主張の再提示）では、主張のときに、I agree with を使用したので、同じ表現を避けて should を使います。

　これくらいシンプルな答案を時間内に書き上げることができれば、十分に合格点に達することができるでしょう。

模 範 解 答

I disagree with this opinion. It is true that there are some advantages for cell phones. For example, ❶<u>children can get a lot of information through cell phones easily</u>. However, the information they get on the Internet might be false or incorrect. I disagree with allowing children to have cell phones for the following reasons.

First, ❸<u>children can become addicted to cell phones</u>. They cannot help using cell phones. They always play games on cell phones even while traveling.

Second, ❹<u>they might get involved in crimes through cell phones</u>. They might get into trouble with people they come to know on the Internet.

For these reasons, children should not have their own cell phones.

(114 words)

全訳 この意見に反対する。確かに、携帯電話にはいくつかのメリットはある。例えば、❶<u>子供は、携帯を使って簡単にたくさんの情報を入手する</u>ことができる。しかし、インターネットで入手した情報は誤っていたり、正しくなかったりする可能性がある。私は以下の理由で、子供に携帯電話を持たせることに反対する。

　第一に、❸<u>子供は携帯電話に依存する可能性がある</u>。携帯をいじらずにはいられなくなる。子供は移動中でさえ常に携帯電話でゲームをしてしまう。

　第二に、❹<u>携帯電話によって子供が犯罪に巻き込まれる恐れがある</u>。ネットを通じて知り合った人と、トラブルに巻き込まれる可能性がある。

　これらの理由により、子供たちに携帯電話を持たせるべきではない。

ここでチェック! 別冊 p. 2 解答の筋道と論拠

語数を必ず守る

実際の大学入試や英検などでの合格水準は皆さんが思っているほど高いものではありません。**時間内に指定語数以内で、問題にしっかりと答えて、文法のミスをなくすこと**で、どの Writing の試験であろうと、合格点に達するようになっています。〇〇語以内や〇〇語〜〇〇語はしっかりとその枠を守りましょう。〇〇語程度の場合は、**前後1割程度の増減**は問題ありません。

短縮形を避ける

didn't, isn't, can't などの短縮形は、自由英作文では避けるようにしましょう。それぞれ、did not, is not, cannot と正式な形で書きましょう。

似たテーマの論拠は、まとめて覚える！

最後に、**携帯電話の功罪**というテーマは、第2章で扱う **SNS の利点と欠点、インターネットの功罪**という A ランクの頻出テーマと密接に結びついています。

SNS とは、Social Networking Service の略で、Twitter, Facebook, LINE などを意味します。常に功罪というプラスの観点、マイナスの観点で物事を見る力は、思考力を鍛えるのにとても役立ちます。

他にも、A ランクのテーマで、**人工知能への賛否**とその具体的テーマである**自動運転車への賛否**が密接に結びついているので、一緒に扱います。

続いて、**地球温暖化への取り組みと原発と再生可能エネルギーへの賛否**というテーマ、そして**少子高齢化社会の対策と空き家の有効活用**というテーマも非常に密接につながっているので、第2章ではこれらの隣り合わせのテーマを上手に関連させながら学習を進めていきます。

意見提示タイプの自由英作文

意見提示タイプ

ある事柄に対して、自分の意見を述べることを求められるタイプの出題。

Aランク ★★★

過去に何度も出題されており、今後も
高い確率で出題が予想されるテーマ

Bランク ★★

過去に何度も出題されており、今後も
十分に出題が予想されるテーマ

Cランク ★

過去に出題されており、今後も出題が
予想されるテーマ

02 SNS の利点と欠点

テーマ

Twitter、Facebook、LINE などの SNS：Social　Networking　Service (social media の 1 つ) の利点と欠点をそれぞれ 100～120 語以内の英語で書きなさい。

 ★★★

　第 1 章 **01** で紹介した**携帯電話の功罪**と密接に関連するテーマになります。Twitter・Facebook など多くの SNS が、携帯電話を利用して発信されるものだからです。**01** のときと同様に、まずは SNS の利点から見ていきましょう。

❝❝SNS のメリット

　SNS のメリットは何でしょうか。ここでのポイントは、**先に扱った携帯電話の功罪で取り上げたメリットを、SNS のメリットでも応用できないかを考えること**にあります。例えば、携帯電話のメリットの**情報検索機能**は、SNS にも応用することができるでしょう。cell phones の表現を SNS に変えて応用します。

> **❶ 情報検索機能**
>
> 　　**You can get a lot of information through social media easily.**
>
> +α　You can immediately get information that you want through social media.
> 　　SNS を使用することで、ほしい情報を瞬時に入手することができる。

　続いて、**様々なコミュニケーション機能を使用する**ことも、SNS に応用することができるでしょう。cell phones の表現だけを変えて利用します。実際に、SNS が、災害時の緊急連絡や情報提供などに大いに役立ったことがあります。

❷ コミュニケーション機能

Social media offers various communication tools.

+α Social media enables you to communicate with someone anytime, anywhere. You can communicate through social media in disasters, when you cannot speak on the phone.

いつでもどこでも連絡が取れる。災害時などの電話が使えない時にも SNS によって、意思疎通ができる。

　模範解答には使用しませんが、SNS 特有のメリットとして、**様々な人と交流できる**ことがあげられるでしょう。一部の SNS では、過去の友人たちと連絡を取ることができたり、日本だけではなく世界中の人と交流ができるようになるものもあります。

❸ 様々な人と交流できる

You can communicate with various people through social media.

+α For example, social media allows you to get in touch with your old friends and with people all over the world.

例えば、SNS を使うことで、過去の友人たちや世界中の人と交流できるようになる。

　❷で enable O to *do* を使ったので、近い意味の allow O to *do* を使います。続いて、SNS のデメリットを見ていきます。

❝SNS のデメリット

　SNS のデメリットも、携帯電話で学んだ論拠を利用します。ここでも、**依存症になる恐れ**はそのまま SNS のテーマにも応用できるでしょう。実際に携帯ゲームのみならず、SNS に四六時中没頭している人も多いものです。

❹ SNS 依存症

You can become addicted to social media.

+α You cannot help using social media. You can always use social media on your cell phone even while traveling.

いつも SNS を使用していないといられない。移動時間も常に SNS を使用している。

続いて、**犯罪に巻き込まれる恐れ**もあります。携帯電話のデメリット（→ p. 19）を
そのまま横断して利用できます。実際に、SNS のダイレクトメールで知り合った悪質
な人による犯罪が起きています。

❺ 犯罪に巻き込まれる恐れ

You might get involved in crimes through social media.

+α You might get into trouble with people you come to know through social media.
SNS を通じて知り合った人によって、トラブルに巻き込まれる可能性がある。

その他に、模範解答には使用しませんが、解答で要求される語数が多い場合などには、
SNS 特有のリスクでもある**個人情報が流出する恐れ**を書きましょう。顔写真や氏名・
住所などが容易に第三者の目に触れて悪用されるリスクがあります。英語で表現すると、
以下のようになります。

❻ 個人情報が流出する恐れ

Your private information can be exposed on social media.

+α A third party can see your head shot, name, and address. He or she can make
negative use of them.
顔写真や氏名、住所などが容易に第三者の目にふれて悪用される可能性がある。

以下が、模範解答です。

模 範 解 答

There are many advantages for social media. First, **❶you can get
a lot of information through social media easily**. You can
immediately get information that you want through social media.
Second, **❷you can communicate with someone anytime, anywhere
through social media**. You can communicate through social media in
disasters, when you cannot speak on the phone.

On the other hand, there are many disadvantages for social
media. First, **❹you can become addicted to social media**. You can
always use social media on your cell phone even while traveling.

Second, **❺you might get involved in crimes through social media**. You might get into trouble with people you come to know through social media.

(112 words)

全訳　SNS には多くの利点がある。第一に、**❶SNS によってたくさんの情報を容易に入手できる**。SNS によって、ほしい情報を瞬時に入手することができる。第二に、**❷SNS によって、いつでもどこでも誰かと連絡を取ることができる**。電話が使えない災害時にも SNS でコミュニケーションを取ることができる。

一方で、SNS には多くの欠点もある。第一に、**❹SNS に依存する可能性だ**。移動中でもいつも携帯電話で SNS を使用する可能性がある。第二に、**❺SNS で犯罪に巻き込まれる恐れがある**。SNS を通じて知り合った人によってトラブルに巻き込まれる可能性がある。

ここでチェック！　別冊 p. 2　解答の筋道と論拠

大きな視点で模範解答の構成を見ると、There are many advantages for social media. と、On the other hand, there are many disadvantages for social media. の 2 つが主張の 2 本柱です。それぞれを、First, 〜 .、Second, 〜 . と具体化しています。

続いて、**01** の**携帯電話の功罪**、**02** の **SNS の利点と欠点**と密接に関連する **03** の**インターネットの功罪**のテーマに進みます。

テーマ 03 インターネットの功罪

インターネットが世の中にもたらした影響について、100 語程度の英語で論じなさい。

01・02 で紹介した**携帯電話や SNS の元は、このインターネット**です。3 つすべて**に共通する功罪**を利用しながら、応用力を身につけていきましょう。

インターネットのメリット

インターネットのメリットから見ていきます。携帯電話、SNS と同様に**情報検索機能**です。**知りたい情報を簡単に調べることができる**こともメリットでしょう。

---

❶ 情報検索機能

You can get a lot of information easily through the Internet.

+α You can easily search for information that you want through the Internet.

知りたい情報をインターネットで簡単に調べられる。

続いて、**❷**も携帯電話のメリットをそのまま横断して使用します。**コミュニケーション機能**です。メールや Skype のような電話機能で、世界中の人とつながることが可能になります。以上を英語にすると、以下のようになります。

---

❷ コミュニケーション機能

The Internet offers various communication tools.

+α You can communicate with people around the world by video telephone or e-mail.

テレビ電話、メールなどで、世界中の人とコミュニケーションが取れる。

続いて、インターネットのデメリットを見ていきます。

" インターネットのデメリット

インターネットのデメリットは、携帯電話や SNS と同様に、**インターネット依存症になる恐れ**が出てくることです。四六時中インターネットをいじって、部屋に引きこもってしまう恐れがあります。英語になおします。

第2章　03・A ランク

---

❸ インターネット依存症

You can become addicted to the Internet.

+α　You cannot leave your room when using the Internet all the time.
四六時中インターネットをいじって、部屋に引きこもってしまう恐れがある。

続いて、これも携帯電話のデメリットを横断して利用します。インターネットによって、**犯罪に巻き込まれてしまう恐れ**があります。

---

❹ 犯罪に巻き込まれる恐れ

You might get involved in crimes through the Internet.

+α　You might get into trouble with people you come to know through the Internet.
ネットを通じて知り合った人によって、トラブルに巻き込まれる可能性がある。

他にも、インターネットのデメリットでは、**有害サイト等が子供に悪影響を与える可能性のあること**があげられます。語数が 200 語前後の場合は、さらなるデメリットとして加えましょう。英語では、Inappropriate websites can have a bad effect on children. と表現します。では、模範解答を見ていきます。

模 範 解 答

The Internet has a negative impact on the world. It is true that there is a positive influence, too. For example, **❶you can get a lot of information easily through the Internet**. However, there are many negative aspects to the Internet.

First, **❸you can become addicted to the Internet**. You cannot leave your room when using the Internet all the time.

Second, ❹you might get involved in crimes through the Internet.
You might get into trouble with people you come to know through
the Internet.

For these reasons, the Internet is not good for the world. (96 words)

全訳 インターネットは世界にマイナスの影響を与えている。確かに、プラスの影響もある。例えば、❶たくさんの情報をインターネット上で容易に入手できる。しかし、インターネットには多くのマイナスがある。

第一に、❸インターネットに依存する可能性がある。ずっとインターネットを使って部屋から出られなくなることがある。

第二に、❹インターネットで犯罪に巻き込まれる可能性がある。ネット上で知り合った人とのトラブルに巻き込まれるかもしれない。

これらの理由により、インターネットは世界にマイナスの影響を与えている。

ここでチェック! 別冊 p. 3 解答の筋道と論拠

では、ここまでのテクノロジーに関する3つのテーマを横断して見ていきましょう。まずは、テクノロジーのマイナス面からです。個々のテーマをバラバラに覚えるのではなくて、応用できるメリット・デメリットを最優先して整理していきます。**携帯依存症、SNS依存症、ネット依存症はすべてに共通するマイナス面**です。すべて、**You can become addicted to 〜 .** を使い、〜にはそれぞれ、 cell phones, social media, the Internet を入れていきます。同様に、この表現は、他にもカジノ誘致におけるギャンブル依存症などの複数のテーマにも応用できます。これを **便利な横断表現** としてまとめ、仮に social media を入れておきます。

便利な横断表現 ① **依存症**

You can become addicted to **social media**. You cannot help using your cell phone all the time.

そして、**犯罪に巻き込まれる可能性があること**も、携帯、SNS、ネットとすべてに共通します。これは、**You might get involved in crimes through ～ .** で、～にはそれぞれ、cell phones, social media, the Internet を入れていきます。

便利な横断表現 ②〉　犯罪に巻き込まれる恐れ

> **You** might get involved in crimes through **social media**. You might get into trouble with people you come to know through social media.

続いて、テクノロジーのプラス面を見ていきます。まず、**情報検索機能**は、携帯電話、SNS、インターネットすべてに共通するメリットです。**You can get a lot of information through ～ .** として、～には、それぞれ cell phones, social media, the Internet を入れていきます。

便利な横断表現 ③〉　情報検索機能

> **You** can get a lot of information through **social media**. You can search for information that you want easily.

また、携帯電話、SNS、インターネットに共通したメリットとして、世界の色々な人とつながることのできる**コミュニケーション機能**があります。**～ offer various communication tools.** として、～には、順に cell phones, social media, the Internet を入れていきます。**You can communicate with many people all over the world through ～ .** と続けましょう。

便利な横断表現 ④〉　コミュニケーション機能

> **Social media** offers various communication tools. You can communicate with many people all over the world through social media.

次からは、インターネットの次に世界を大きく変える発明と言われている**人工知能への賛否**に入っていきます。人工知能の具体例である **05** の**自動運転車への賛否**のテーマとまとめて扱います。

テーマ

04 人工知能への賛否

ロボット技術の進歩により、様々な分野でロボットの活用が期待されています。人間に代わりロボットに仕事や役割を任せるべきであるという主張に、あなたは賛成ですか、反対ですか。賛否を明確にしたうえで、その理由や根拠を示しながら自分の意見を 150 語程度の英語でまとめなさい。

★★★

近年、世界的に注目が集まっている分野が、この **AI**「**人工知能**」です。1997 年に、チェスの世界チャンピオンと人工知能の「**ディープ・ブルー**」が対戦して、ディープ・ブルーが勝利しました。続けて、2015 年に、囲碁の世界トップクラスの棋士と、人工知能の「**アルファ碁**」が対決して、「アルファ碁」が勝利するといった出来事が世界中の研究者に衝撃を与えました。あくまで可能性の話ですが、2045 年頃には「**シンギュラリティ**」と呼ばれる**人工知能が人間を超える技術的特異点**が訪れるといった予言もされています。では、人工知能のメリットから見ていきましょう。

人工知能のメリット

人工知能のメリットは、何でしょうか。まずは、**人間より多くの仕事を効率良くこなせること**でしょう。人工知能を搭載したロボットならば、疲れ知らずで、より正確に仕事をこなせるはずです。

---

❶ 人間より仕事を効率よくこなせる

Artificial intelligence can carry out work more efficiently than humans.

+α　Artificial intelligence can work more accurately without feeling tired.
人工知能ならば、疲れずに、より正確に仕事をこなせる。

次のメリットは、**運転手のいない自動運転車が普及すれば、飲酒運転を減らせる**かもしれないことです。お酒を飲んだ後でも、自動運転車ならば安全に家に帰ることができます。

---

❷ 自動運転車で飲酒運転を減らすことができる

Self-driving cars can reduce the number of drunk drivers.

+α Even after you drink, you can go home safely in self-driving cars.
お酒を飲んだ後でも、自動運転車ならば安全に家に帰ることができる。

本問は 150 語程度なので、続いて、メリットをもう１つあげます。**人工知能搭載のロボットが人間のパートナーになりうる点**です。人工知能搭載のロボットと簡単なコミュニケーションをすることが、家族や友人がいない寂しさを紛らわせてくれる可能性があります。

---

❸ 人工知能搭載のロボットが人間のパートナーになりうる

Robots with artificial intelligence can be a partner with humans.

+α They can distract people who have no family or friends from feeling loneliness.
人工知能搭載のロボットが、家族や友人がいない人の寂しさを紛らわせてくれる。

次に、人工知能のデメリットを見ていきます。

人工知能のデメリット

人工知能のデメリットは、有名な人工知能の研究者が言っていた通り、**人類を滅ぼしてしまう可能性がある**ことです。もし完璧な人工知能が現れたら、自らを修復して、人間よりはるかに速いスピードで進化していきます。そのとき、生みの親の人類はもはや必要とされません。これは、古くから様々な映画や漫画の題材となってきました。例えば、映画『ターミネーター』の世界では、人工知能が人類を敵とみなす世界が描かれています。漫画『ドラゴンボール』の世界では、人造人間を開発したドクター・ゲロが、人造人間に自らの命を奪われてしまいます。では、以上を英語になおします。

❹ 人工知能は人類を滅ぼす可能性がある

Artificial intelligence could destroy humans.

+α If a perfect artificial intelligence appeared, it could repair itself, and make progress much more rapidly than humans. Then, it would not need humans.

もし完璧な人工知能が現れたら、自らを修復して、人間よりはるかに速いスピードで進化する。そのとき、人類はもはや不要となる。

以上を基に、模範解答を作成します。

模 範 解 答

I agree with this idea. It is true that ❹<u>artificial intelligence could destroy humans</u>. If a perfect artificial intelligence appeared, it could repair itself, and make progress much more rapidly than humans. Then, it would not need humans. However, you should not believe blindly in risks which have not yet appeared. There are more advantages to artificial intelligence than risks.

First, ❶<u>artificial intelligence can carry out work more efficiently than humans</u>. Artificial intelligence can work more accurately without feeling tired.

Second, ❷<u>self-driving cars can reduce the number of drunk drivers</u>. Even after you drink, you can go home safely in self-driving cars.

Finally, ❸<u>robots with artificial intelligence can be a partner with humans</u>. They can distract people who have no family or friends from feeling loneliness.

For these reasons, I agree with the idea that we should assign many jobs to robots instead of humans.

(145 words)

全訳　この考えに同意する。確かに、❹人工知能は人類を滅ぼす可能性がある。もし完璧な人工知能が登場したら、自らを修復して、人間よりずっと速いスピードで進化していくだろう。そうすると、人間は必要がなくなる。しかし、まだ現れていないリスクを盲目的に信じるべきではない。人工知能にはリスク以上にメリットがある。

　第一に、❶人工知能は人間より効率よく仕事を行うことができる。人工知能は疲れ知らずで、より正確に作業することができる。

　第二に、❷自動運転車は、飲酒運転の数を減らすことができる。お酒を飲んだ後でさえ、安全に自動運転車で家に帰ることができる。

　最後に、❸人工知能が搭載されたロボットは、人間のパートナーになれる可能性がある。そうしたロボットは、家族や友人のいない人の寂しさを紛らわすことができる。

　こうした理由で、人間の代わりにロボットに多くの仕事を割り当てるという考えに、私は賛成する。

ここでチェック！ ▶ 別冊 p. 3　解答の筋道と論拠

05 自動運転車への賛否

Would you want to ride in a driverless car if given the chance? Explain the reason(s) for your answer. Write approximately 50 words.

★ ★ ★

　近年の自由英作文の問題では、英語の問題文もよく登場するので、素早く趣旨を読み取れるように訓練しておきましょう。本問では、乗りたいか乗りたくないかを冒頭に明記して、50 語程度なので、理由は 2 つ程度あげられるとよいでしょう。では、自動運転車のメリットを見ていきます。

" 自動運転車のメリット

　これは、前のテーマである **04** の**人工知能への賛否**の論拠❷と同じ表現を利用できます。**飲酒運転の数を減らせる**という点です。

> ❶ 自動運転車で飲酒運転の数を減らすことができる
>
> ### Self-driving cars can reduce the number of drunk drivers.
>
> +α　Even after you drink, you can go home safely in self-driving cars.
> お酒を飲んだ後でも、自動運転車ならば安全に家に帰ることができる。

　もう 1 つメリットをあげるとしたら、近年大きな社会問題となっている**高齢者の危険運転**も、**減らすことができる**という点です。将来的に人工知能で安全運転が約束された自動運転車ならば、高齢者が自らハンドルを握る必要はなくなります。

> ❷ **高齢ドライバーの危険運転を防ぐことができる**
>
> 　Self-driving cars can avoid dangerous driving by seniors.
>
> +α　If they really are safe, they do not need to drive themselves.
> 　　人工知能で安全運転が約束された自動運転車ならば、高齢者が自ら運転する必要がなくなる。

続いて、自動運転車のデメリットを見ていきましょう。

❝ 自動運転車のデメリット

　自動運転車のデメリットは、ロボットの高精度の運転でも避けられない事故が起きた場合に、**誰がその事故の責任を負えばいいのかがわからない**ことです。車を製造したメーカーなのか、車を購入した人間なのか、車に乗っている人間なのか、責任の所在が不明瞭になる点です。では、英語になおします。

> ❸ **事故が起きた場合に、誰が責任を負えばいいのかがわからない**
>
> 　If self-driving cars cause car accidents, it is not clear who would take responsibility for the accidents.
>
> +α　Nobody knows who is to blame, such as car manufacturers, people who buy the cars, or those who are in the cars.
> 　　車を製造したメーカーなのか、車を購入した人間なのか、車に乗っている人間なのか、責任の所在が不明瞭になる。

　以上を基に、模範解答を作成します。**50 語程度の自由英作文ならば、譲歩は不要**なので、自説を決めて、そのまま根拠を並べていきましょう。模範解答は、賛成の立場で作成しています。

模 範 解 答

I would want to ride in a driverless car for the following reasons.
First, ❶**driverless cars can reduce the number of drunk drivers**.
Even after I drink, I can go home safely. Second, ❷**they can also**
avoid dangerous driving by seniors.

For these reasons, I would like to ride in a driverless car. (53 words)

全訳 自動運転車に、以下の理由で乗りたいと思う。
第一に、❶自動運転車は飲酒運転の数を減らすことができる。お酒を飲んだ後でさえ、
安全に家に帰ることができる。第二に、❷高齢者による危険な運転も避けることもできる。
こうした理由から、自動運転車に乗りたいと思う。

ここでチェック！ 別冊 p. 4　解答の筋道と論拠

問題文の全訳

　機会があれば、自動運転車に乗りたいですか。自分の解答に対する理由を説明し
なさい。50 語程度で書きなさい。

ではここで、ここまでの **04 人工知能への賛否**、**05 自動運転車への賛否**のテーマを
通して整理しておきます。この２つ共通して利用できる表現は、「**自動運転車は飲酒**
運転の数を減らすことができる」点でした。

⊹ 便利な横断表現 ⑤ 　**自動運転車は飲酒運転を減らすことができる**

Self-driving cars can reduce the number of drunk drivers. Even after you
drink, you can go home safely in self-driving cars.

この後は、現代の社会問題である**環境問題への取り組み**のテーマに入っていきます。

テーマ 06 地球温暖化への取り組み

地球温暖化について個人単位でできることを 80 語程度の英語で答えなさい。

★★★

地球温暖化とは？

近年の環境問題で最も深刻な問題の1つが**地球温暖化**です。地球温暖化とは、**温室効果ガスの濃度が増加し、地表面の温度が上昇すること**を言います。温室効果ガスの大半が、**二酸化炭素**で、**石油のような化石燃料の燃焼時に排出**されます。自動車・工場・発電所・家電製品の使用が主な発生源となります。

地球温暖化の問題点とは？

では、地球温暖化で地表面の温度が上がるとどんな問題が起きるのでしょう。まずは、**海面水位上昇による土地の消失**があげられます。続いて、温暖化が引き起こす**干ばつや砂漠化による生態系への害**などがあげられます。昨今の日本でも、夏は熱中症に常に注意しなければいけないほどの猛暑が続き、局所的な豪雨が非常に多くなりました。私自身の幼少期と比べても、はっきりとわかるほどの気候の変化を感じます。この異常気象は、日本のみならず、世界的な傾向となっています。

地球温暖化への取り組み（国レベル）

地球温暖化を防止しようとする国レベルの取り組みは、グリーン電力という、水力、風力、太陽光など、自然を利用した再生可能エネルギーによる電力を導入する試みがあります。あるいは、エコカーを推奨して、化石燃料の使用による二酸化炭素排出を防止しようとする試みがあります。もっとも、大学入試で問われるのは、**地球温暖化に際して個人レベルで何ができるか**という観点が中心なので、身近な例をあげ、英語になおしていきます。

地球温暖化への取り組み（個人レベル）

　地球温暖化に対して個人レベルでできることで、真っ先にあげられるのが**自動車の使用をできる限り控えること**でしょう。都心で暮らしている人は、バスや電車などの公共交通機関を使えば十分ですし、可能ならば車を手放すことが、この異常気象を和らげることのできる最初の一歩になります。もちろん、地方で生活をしていると、車が生活に欠かせない人たちもいることと思います。そういった場合には、一家で所有する車の台数を減らすだけでも、地球温暖化の防止に貢献することになるでしょう。以上を英語にします。

❶ **自動車の代わりに公共交通機関を使う**

　　You should use public transportation instead of driving a car.

　+α　You can walk, ride a bicycle, or take trains instead of using a car.
　　　自動車の使用をやめて、歩いたり自転車や電車を利用したりする。

　先にあげたように、家電製品を使用しても、温室効果ガスの発生源となるわけですから、**家庭内の電気の使用を極力控えること**が理想です。家電製品を使用しないときに電源を切るなどして、電気の使用を控えます。もっとも、昨今の異常気象では、夏の時期には寝ているときもエアコンの使用が推奨されるほどなので、熱中症に気をつけつつ、電気を極力使用しないように気を配ります。以上を英語にします。

❷ **家庭内の電気の使用を抑える**

　　You should reduce the volume of electricity you use at home.

　+α　You can unplug home appliances when they are not in use.
　　　家電製品を不使用時に電源を切る。

それでは、以上を基に、模範解答を作成していきます。

模 範 解 答

First, **❶you should use public transportation instead of cars**. One of the main causes of global warming is the emission of greenhouse gases. Such gases are produced when fossil fuels, such as oil, are burned. They are emitted, for instance, by driving cars. Therefore, you should walk, ride a bicycle, or take trains.

Second, **❷you should reduce the volume of electricity you use at home**. For example, you can unplug home appliances when they are not in use.

(78 words)

> **全訳**　第一に、❶車の代わりに公共交通機関を利用すべきだ。地球温暖化の主な要因の1つに、温室効果ガスの排出があげられる。そのようなガスが排出されるのは、石油などの化石燃料を燃焼する時だ。例えば、車を運転する時にそれらのガスは排出される。したがって、歩いたり、自転車に乗ったり、電車に乗ったりするべきだ。
>
> 第二に、❷家庭で使う電気の量を減らすべきだ。例えば、家電を使用しない時に、電源プラグを外すことができる。

ここでチェック！ ▶ 別冊 p. 4　解答の筋道と論拠

続いて、地球温暖化の間接的な要因である化石燃料の問題と密接に関連する、**代替エネルギー源**の問題に入っていきます。

テーマ 07 原発と再生可能エネルギーへの賛否

「原発（nuclear power plant）を廃止し、再生可能エネルギー（renewable energy）を使うべきだ」という意見がありますが、それについてあなたは賛成か、反対か。あなたの立場を明確にして、その理由を 80 語程度の英語で書きなさい。

代替エネルギー源の問題とは？

現在では、主たるエネルギー源を**石油に代表される化石燃料に依存**しており、その**代わりとなるエネルギー源を探す必要性**に迫られています。石油や天然ガスなどの化石燃料の**エネルギー寿命が近づいている**とも言われています。歴史を紐解くと、1973 年に石油危機（オイルショック）があり、石油への過度な依存状態が浮き彫りになりました。続いて、**06** のテーマでも扱った通り、**地球温暖化の原因の温室効果ガス**は、大半が二酸化炭素で、自動車や工場、家電製品などの**石油を原動力とするもの**の稼働で発生します。よって、地球温暖化をストップするためにも、石油以外の代替エネルギー源を探して活用していかなければいけません。

代替エネルギーには何があるか？

まずは、主要なエネルギー源は 3 つあるものと思ってください。1 つ目が**石油に代表される化石燃料**です。他には、**石炭**や**天然ガス**が化石燃料にあたります。ちなみに化石燃料とは、過去の植物や動物の遺骸（いがい）などが化石となったものが変化して生成した燃料のことを言います。

続いて、有名なエネルギー源として**原子力**があります。強いエネルギー源ではありますが、周知の通り**非常に危険**なものなので、その使用を控えるような働きかけもされています。

最後に太陽光・風力・水力などの**再生可能エネルギー**です。**クリーンで環境にやさし**い反面、生み出すエネルギーが弱い、運営に莫大なお金がかかるなどの問題があります。

代替エネルギー源のメリット・デメリット

　それでは、代替エネルギー源の候補である原子力と再生可能エネルギーのメリット・デメリットを見ていきます。**原子力のメリット**は**安定して大量の電気を供給できること**やエネルギー産出にかかわる**コスト**が他の**エネルギー源より安いこと**があげられるでしょう。英語になおします。

第
2
章

07・
A
ラ
ン
ク

---

❶ 安定して大量の電気を供給できる

　　Nuclear power can generate a large amount of energy.

+α　It costs less than other energy sources.
　　他のエネルギー源よりコストが安い。

　続いて、原子力のデメリットです。極めて危険なもので、チェルノブイリ原発事故や、東日本大震災の福島第一原子力発電所事故のように、事故が起きると、**人間も含んだ生態系に多大な被害を及ぼす**ことです。英語になおします。

---

❷ 極めて危険

　　Nuclear power is extremely dangerous.

+α　If major accidents happen at nuclear power plants, they have devastating effects on ecosystems in widespread areas.
　　原子力発電所で重大な事故が起きると広範囲で生態系に悪影響を及ぼす。

　続いて、**再生可能エネルギーのメリット**を見ていきます。まずは、先程述べた通り、**クリーンなエネルギーで環境にやさしい**というメリットがあげられます。また、**再生可能エネルギー源の供給には限界がない**こともメリットでしょう。英語になおします。

❸ クリーンなエネルギーで環境にやさしい。再生可能エネルギー源の供給には限界がない
Renewable energy sources are clean and eco-friendly. Supplies of renewable energy sources are unlimited.

続いて、**再生可能エネルギーのデメリット**です。供給が不安定でエネルギー量が足りないという点があげられるでしょう。また、**エネルギーの産出コストが高い**ことがあげられます。

❹ 供給が不安定でエネルギー量が足りない。価格が高い
Energy supplies from renewable energy sources are unstable and insufficient. Some of them cost more.

以上を基に、模範解答を作成します。

模 範 解 答

I agree with this opinion. Of course, ❶nuclear power can generate more energy than renewable energy sources. However, ❷nuclear power is extremely dangerous. If major accidents happen at nuclear power plants, they have devastating effects on ecosystems in widespread areas. In contrast, there are more advantages to renewable energy sources.

First, ❸they are clean and eco-friendly. Second, ❸supplies of renewable energy sources are unlimited.

For these reasons, we should use renewable energy sources instead of nuclear power.

(77 words)

全訳　この意見に同意する。確かに、**❶**原子力は再生可能エネルギー源よりも多くのエネルギーを作ることができる。しかし、**❷**原子力は極めて危険だ。もし原子力発電所で重大な事故が起きたら、広い地域で生態系に壊滅的な影響を与える。一方で、再生可能エネルギー源にはより多くの利点がある。

　第一に、**❸**再生可能エネルギーはきれいで環境にやさしい。第二に、**❸**再生可能エネルギー源の供給には限界がない。

　これらの理由から、原子力の代わりに再生可能エネルギー源を使うべきだ。

ここでチェック！　別冊 p. 4　解答の筋道と論拠

08 少子高齢化社会の対策

Write your answer to the following question in English in 80 to 100 words.

Japan is experiencing the problem of depopulation. Provide two ideas that can help Japan prepare for the challenges of a decreasing and aging population.

少子高齢化社会の原因

高齢化社会は、平均寿命が延びたことが要因なので、プラスにとらえられますが、少子化社会はマイナスの問題となります。**少子化社会の要因は、出生率が低下したことで、その背景は、働く世代に対する支援が不十分なことによる子育てへの不安**などがあげられます。

少子高齢化社会の問題点

では、少子高齢化社会では、一体何が問題なのでしょうか。まずは、**労働者数の減少**により国力が低下して、**経済が悪化**することがあげられます。続いて、高齢者に対する**社会保障や年金の費用が増えて、国の財政を逼迫**させることがあげられるでしょう。次に、少子高齢化社会の対策に進みます。

少子高齢化社会の対策

少子高齢化社会への対策として、まずは**定年の引き上げ**が考えられます。退職する定年を 70 歳に引き上げることで、高齢者たちは自分の給料で生活することが可能になり、年金の受給率を下げて、国の負担を軽くすることが可能になります。実際に、70 歳になってもまだまだ元気で働きたいと思っている高齢者は多くいるので、社会と高齢者双方にメリットになると言えるでしょう。英語になおします。

❶ **定年の引き上げ**

　　The retirement age should be raised.

+α　If the retirement age is raised to seventy, the elderly will be able to live on their salaries.

　　定年を 70 歳に引き上げることで、高齢者たちは自分の給料で生活することが可能になる。

+α　The measure will also help reduce pension payments, lessening burdens on the state.

　　年金の受給率を下げて、国の負担を軽くすることができる。

　続いて、少子化の１つの要因となっている現在の**育児環境を改善するために**、企業が**育児支援を行うこと**も、少子高齢化社会の対策と言えます。具体的には、**父親にも育児休暇を奨励すること**、あるいは、特に都心部などでは保育所への入所も大変困難なので、**会社に託児所を設けること**なども解決策の１つとなり得るでしょう。以上を英語にします。

❷ **企業による育児支援**

　　Companies should help their employees raise their children.

+α　They should also promote paternity leave and set up day-care centers in their facilities.

　　父親の育児休暇の奨励、会社に託児所を設ける。

　以上を基に、模範解答を作成します。

模 範 解 答

First, **①the retirement age should be raised**. If the retirement age is raised to seventy, the elderly will be able to live on their salaries. If older people are healthy enough to work, they should work longer than they are supposed to currently. If more people remain in the workforce, more products and services will be consumed. This will energize the economy.

Second, **②companies should help their employees raise their children**. They should promote paternity leave and set up day-care centers in their facilities. This will relieve parents, and so the low birthrate will be improved.

(96 words)

全訳　第一に、**①定年を引き上げるべきだ**。もし定年を 70 歳にまで引き上げるなら、高齢者が自分の給料で生活できるようになる。もし高齢者が働けるほど健康なら、今日想定されているより長く働くべきだ。もしより多くの人が労働力を持ったままならば、より多くの商品やサービスが消費されるだろう。これは経済を活性化させる。

　第二に、**②企業が従業員の子育てを助けるべきだ**。父親に育児休暇を促して、企業内に託児所を設けるべきだ。これにより子育て世代は安心して、低い出生率が改善されるだろう。

▶ここでチェック！　別冊 p. 5　解答の筋道と論拠

問題文の全訳

　次の質問に対して、80〜100 語の英語で答えなさい。

　日本は人口減少の問題に直面している。日本が少子高齢化の問題に対して備えるのに役立つ考えを 2 つ提示しなさい。

09 男女平等を推進する方法

男女平等を推進することやその方法について、あなたの考えを 120 語程度の英語で書きなさい。

　テーマ **08** では**少子高齢化社会の対策**の 1 つとして、**父親の育児休暇を企業が奨励すること**をあげました。このときの論拠を応用して、男女平等のテーマを考えていきます。人によってとらえ方は異なるかもしれませんが、育児と労働の分担において、やはりいまだに男女間の不平等とも言える現象が存在しているのが実状です。

家事・育児における男女間の不平等

　過去の日本では、男性が外で働き、女性が家庭を守るという慣習のもとで、女性が育児や家事の担い手となっていました。ところが、昨今の日本では共働きの夫婦も増えてきました。**共働きとはすなわち、労働をシェアすること**を意味します。労働をシェアする以上、**家事や育児をシェアすることは当然**であり、結婚や出産後に男性が家事や育児を分担しないと家庭が成り立たなくなります。とりわけ、日本の男性は家事と育児への参加率が諸外国に比べて非常に低いので、やはり改善すべきことでしょう。ここまでを英語にします。

---

❶ 家事・育児の分担における不平等を解消する

We should solve the inequality between men and women regarding the sharing of housework and child-rearing. In Japan, many people used to think that men should work outside, and women should do housework and raise children. However, the number of double-income families is now increasing. Therefore, men have to do housework and raise their children.

賃金、昇進機会などの労働における男女間の不平等

　続いて、**労働における男女間の不平等**に焦点を当てていきます。過去の日本では、女性は結婚を機に退職するか、子供が産まれると退職して、家のことに専念するのが当然視されていました。そういったことを背景に、女性が昇進する機会が持てず、収入にも男女差がありました。ところが現代では、女性が結婚・出産後にも働くことが多くなり、共働きの夫婦も増えています。ここまでを英語にします。

---

❷ 労働における男女の不平等をなくす

We should remove income or promotional gaps between men and women. In the past, women were thought to leave the company after getting married or giving birth. Now, it is common for women to continue working after these events.

　続いて、男女間の賃金格差や昇進機会の格差をなくす方法として、企業が**女性の管理職を一定の割合まで増やし維持**したり、できる限り**男性の育児休暇を奨励**する動きが必要になってきます。この部分はテーマ **08** で見た論拠❷の一部をそのまま利用できます。英語になおします。

---

❸ 企業が女性管理職の一定割合を維持して、男性の育児休暇を促す

In order to reduce income or promotional gaps between men and women, companies should keep a certain percentage of women's managerial positions and promote paternity leave.

　以上を基に、模範解答を作成していきます。

第2章 09・A ランク

模 範 解 答

First, ❶we should solve the inequality between men and women regarding the sharing of housework and child-rearing. In Japan, many people used to think that men should work outside, and women should do housework and raise children. However, the number of double-income families is now increasing. Therefore, men have to do housework and raise their children.

Second, ❷we should remove income or promotional gaps between men and women. In the past, women were thought to leave the company after getting married or giving birth. Now, it is common for women to continue working after these events. In order to reduce income or promotional gaps between men and women, ❸companies should keep a certain percentage of women's managerial positions and promote paternity leave.

(122 words)

全訳　第一に、❶家事や子育ての分担における男女間の不平等を解消すべきだ。日本では、かつては多くの人が、男性が外で働き、女性が家事や育児をするべきだと考えていた。しかし、共働きが現在では増えている。それゆえ、男性が家事や育児をしなければならない。

第二に、❷男女の収入や昇進機会の格差を解消すべきだ。昔は、女性は結婚するか出産したら会社を辞めるものと考えられていた。現在では、女性がこうしたライフイベントの後も働くのは普通のこととなっている。男女間の収入や昇進機会の格差を減らすために、❸企業は女性管理職の一定の比率を維持して、男性に育児休暇を取るように促すべきだ。

ここでチェック! ▶ 別冊 p. 5　解答の筋道と論拠

次は、**08** で扱った**少子高齢化社会**のテーマとも密接なかかわりのある**空き家の有効活用**の話題に進みます。

10 空き家の有効活用

日本では、住宅の所有者が亡くなり、その子供もそこで生活をしない空き家が増加している。今後、空き家を有効活用するとしたら、どのようにすれば良いか。100 語程度の英語で書きなさい。

 ★★★

空き家問題の原因と現状

この問題も、**少子高齢化社会の影響の 1 つ**という意味で、**08** と関連しています。少子高齢化などによる**人口減少**が原因となって起こる現象です。**高齢者が、老人ホームや子供の住宅に転居することでも空き家は発生**します。全国レベルで見ると、空き家数は全体の 10％を超えるほどで、地方や過疎地域で目立ちます。

空き家問題は何が問題か？

空き家を放置していると、家がボロボロになり、雑草が生い茂り、**景観が悪化**します。そういったところでは、不法侵入や放火の恐れが出てきて、**治安が悪化する温床**となります。

空き家の有効活用その 1 　売却

地方における空き家は、自治体と協力して有効活用していかなくてはなりません。そもそも都心から地方に戻って来る U ターンを促進することが地方の過疎化の解消も含めて大切になってきます。若い人たちに魅力的に思ってもらえるよう、U ターン希望者の優遇措置等を行う必要があり、その一環として、雇用の創出や、**空き家をリノベーションして安価に販売する**といった方法が考えられるでしょう。ここまでを英語にします。

❶ 移住希望者への売却

Empty houses should be sold cheaply to people who hope to migrate.
First, local governments should encourage migration to their towns. They should
create employment and offer benefits to those who hope to migrate. They could
renovate empty houses, and sell migrants those houses very cheaply.

空き家の有効活用その2　民泊の利用

　続いて、空き家を売却できない場合は、一時利用を促すために、**民泊として利用**をします。民泊とは、**旅行者が宿泊できるように**、**一般の民家を宿舎として利用すること**です。日本でも民泊が注目された背景には、**訪日観光客の増加や、それに伴い宿泊施設の供給が不足**していることがありました。空き家を民泊に作り変えれば有効活用でき、旅行者は一般的に普通のホテルよりも安価に宿泊することができます。ここまでを英語にします。

❷ 民泊として利用する

Local governments should make use of empty private houses by
renovating and renting them at a reasonable price. The number of
foreign travelers is increasing, and the amount of accommodation is insufficient.
Local governments could turn empty houses into accommodation facilities.
Travelers would be able to stay there more cheaply than at hotels.

　ここまでを基に、模範解答を作成します。

模 範 解 答

First, ❶<u>empty houses should be sold cheaply to people who hope to migrate</u>. Local governments should encourage migration to their towns. They should create employment and offer benefits to those who hope to migrate. They could renovate empty houses, and sell migrants those houses very cheaply.

Second, ❷<u>local governments should make use of empty private houses by renovating and renting them at a reasonable price</u>. The number of foreign travelers is increasing, and the amount of accommodation is insufficient. Local governments could turn empty houses into accommodation facilities. Travelers would be able to stay there more cheaply than at hotels.

(100 words)

全訳　第一に、❶<u>空き家は移住希望の人に安く売るべきだ</u>。地方自治体は人々に自分たちの町に移住することを促すべきだ。雇用を作り出し、移住希望の人にメリットを提供すべきだ。空き家を改築して、非常に安く移住者に売ることができる。

第二に、❷<u>地方自治体は、改築して割安な値段で貸し出すこと（民泊）で空き家を利用</u>すべきだ。外国人観光客の数が増えているが、宿泊施設の数は十分ではない。地方自治体は空き家を宿泊施設に変えるべきだ。旅行者は他のホテルよりも安くそこに泊まることができる。

ここでチェック！ 別冊 p. 5　解答の筋道と論拠

以上が、最重要テーマの A ランクの題材でした。しっかり覚えておきましょう。続いて、重要テーマの B ランクの題材に入っていきます。

11 オリンピック開催の功罪

What is one of the probable advantages and one of the probable disadvantages in hosting the Olympics?（approximately 80 words）

★★

オリンピック開催の功罪

　東京オリンピックで話題を集めていましたが、実は古くから、そして全世界でオリンピック開催の功罪は問題となってきました。一見すると、**経済が活性化**し、その**都市も知名度を上げて**と、良いところばかりが目立ちます。一方で、今までの開催都市の多くが**多額の借金を背負って、その返済に苦しむ**という歴史が繰り返されてきました。では、オリンピック開催のメリットから見ていきましょう。

オリンピック開催のメリット

　前述した通り、まずは**経済が活性化すること**があげられるでしょう。具体的には、観光客が、観戦チケット、宿泊や飲食などでお金を使います。続いて、広告効果で、その都市や地域が世界的に有名になり、観光客が増加します。以上を英語になおします。

❶ 経済の活性化

> **The Olympics will energize the host city's economy.** Many tourists will use money in the host city, for example, to buy the tickets, to eat and drink, and to stay at hotels. Cities and other areas will be known around the world by hosting Olympic competitions. The number of tourists to the host city will increase thanks to the Olympics.

オリンピック開催のデメリット

前述したように、やはり**開催するのに多額の借金をする可能性**があげられます。過去のオリンピック開催地の多くが、多額の借金を抱えて、返し終わるのに何年もかかっています。

❷ **多額の借金**

The host city may have to borrow huge amounts of money. In previous Olympics, many cities borrowed huge amounts of money to host the Games. It will take many years to repay the debts.

続いて、**大会後に施設が利用されない**という問題もあります。大会が開催される数週間の利用だけで、その後に利用されない施設が存在してしまうことになります。英語では「無用の長物」のことを white elephant と言いますが、white elephant を知らなくても、パラフレーズしつつ英語で説明します。

❸ **オリンピック後に使用されない施設の建設**

Some facilities built for the Olympics were used only for a few weeks during the Games. They have rarely been used after that.

以上を基に、模範解答を作成します。

模 範 解 答

The Olympics will have positive effects. ❶It will energize the host city's economy. People around the world will buy tickets for the Games. Also, many tourists will use money in the city, for example, to eat and drink as well as to stay at hotels.

However, the Olympics will also have negative effects. ❷The host city may have to borrow huge amounts of money as many previous host cities did. It will take many years to repay all the debts.

(80 words)

全訳　　オリンピックはプラスの影響をもたらす。**❶**オリンピックは開催都市の経済を活性化さ
せるだろう。世界中の人々が、オリンピックのチケットを購入するだろう。また、多く
の観光客がその都市で、例えば飲食に加えて、宿泊費にお金を使うだろう。

　しかし、オリンピックにはマイナスの影響もあるだろう。**❷**開催都市は、多くの以前の
開催都市がそうだったように、多額の借金をしなければならないかもしれない。全額を
払い終えるのに何年もかかるだろう。

ここでチェック!　別冊 p. 6　解答の筋道と論拠

> 問題文の全訳
>
> 　オリンピック開催の考えられるメリットとデメリットを 1 つずつあげなさい。
> （80 語程度）

　続いて、オリンピック開催と同様に、世界レベルで問題となっている**カジノ誘致への
賛否**のテーマを見ていきます。

12 カジノ誘致への賛否

日本にカジノを誘致することに賛成か、反対か。100 語以内の英語で答え
なさい。

近年、日本でも話題となっている**カジノ誘致**の問題です。マカオや韓国、ラスベガス
などに行くとカジノを経験できますが、従来の日本では、カジノは禁止されていました。
では、カジノ誘致にかかわるメリット・デメリットには、どんなものがあるでしょうか。
すぐに思いつくメリットは、オリンピックと同様に**経済の活性化**でしょう。デメリット
は、携帯電話・SNS・インターネットで取り上げた**依存症の問題**があげられるでしょ
う。このように、別のテーマで 便利な横断表現 として学んだ知識をどんどん応用し
ていきます。では、メリットから具体的に見ていきます。

カジノ誘致のメリット

前述した通り、まず**経済の活性化**があげられるでしょう。具体的には、観光客を誘致
して、カジノの売上金や観光客が周辺でお金を使うことで、従業員を雇うなどの新たな
雇用を生み出します。ここまでを英語になおします。

---

❶ 経済の活性化

　　Inviting casinos will energize the economy.

+α　Inviting casinos will increase the number of tourists and consumption. It will also
　　create new employment.
　　カジノを誘致することで、観光客が増加して、消費が増えて、新たな雇用が生まれる。

続いて、カジノ誘致のデメリットを見ていきます。

カジノ誘致のデメリット

こちらも冒頭で述べたように、**ギャンブル依存症の人間を増やす**ことになるでしょう。
文字にすると簡単ですが、ギャンブル依存症は本当に深刻な問題で、そこから家庭崩壊

や借金による自己破産などにつながることもあります。ここまでを英語にします。

❷ ギャンブル依存症

Some people will become addicted to gambling.

+α They might get into debt, and this might lead to the collapse of their family.

借金に陥り、家庭が崩壊する恐れがある。

そして、ギャンブル場の周りには、恐喝などの犯罪が発生する恐れがあり、**治安が悪化する**心配が生まれます。以上を英語になおします。

❸ 治安の悪化

The areas around casinos will not be safe because of certain crimes.

+α People will not walk around the areas peacefully. Parents will not be able to let their children go around these casinos.

周辺を安心して歩くことができなくなる。親は子供にカジノ周辺を歩かせることができなくなる。

以上を基に、模範解答を作成していきます。

模 範 解 答

I disagree with inviting casinos. Of course, there are some advantages for casinos. **❶It will energize the economy**, increasing the number of tourists and consumption. However, there are more disadvantages to casinos.

First, **❷some people will become addicted to gambling**. They might get into debt, and this might lead to the collapse of their family.

Second, **❸the areas around casinos will not be safe because of certain crimes**. People will not walk around the areas peacefully. Parents will not be able to let their children go around these casinos.

For these reasons, we should not invite casinos in Japan.　(99 words)

全訳 私はカジノ誘致には反対だ。もちろん、カジノにはいくつかメリットもある。❶経済を活性化するだろうし、観光客や消費を増やすだろう。しかし、カジノにはマイナス面の方が多い。

第一に、❷ギャンブル依存症になる人が出てくるだろう。借金をして、家族を崩壊させてしまうかもしれない。

第二に、❸カジノ周辺の地域は、犯罪のせいで治安が悪くなるだろう。安心して周囲を歩けなくなる。親は子供にカジノ周辺を歩かせることができなくなる。

これらの理由から、日本にカジノを誘致すべきではない。

ここでチェック! 別冊 p. 6 解答の筋道と論拠

続いて、**カジノ誘致**と密接に関連する**インバウンドの増加**のテーマに移ります。

13 インバウンド（訪日外国人観光客）の増加への賛否

テーマ

近年、訪日観光客の数がますます増えている傾向にあります。この傾向に賛成か、反対か、あなたの立場を明確にしたうえで、理由と具体例と共に、100〜150 語以内の英語で答えなさい。

グローバリゼーションの一環として、最近、日本の主要都市で、韓国・台湾・中国に代表される多くのアジア人やヨーロッパの人たち、アメリカ人の数が増えています。まず、**インバウンドと呼ばれる訪日外国人観光客は、宿泊費・飲食代・お土産代などを使って地域経済や日本経済を活性化させてくれるという経済効果**がすぐに思い浮かびます。一方で、訪日外国人観光客にまつわる問題点はあるのでしょうか。具体的にメリットから見ていきましょう。

インバウンド増加のメリット

メリットは、すでにあげた通り**経済の活性化**でしょう。訪日外国人観光客が訪れることで、**宿泊費・飲食代・お土産代などに、その地域でお金を使ってくれます**。これにより、地域経済や日本経済が活性化します。ここまでを英語にします。経済の活性化の表現は **12** の**カジノ誘致**のテーマで、そして観光客による消費は **11** の**オリンピック開催**のテーマで使用した表現を横断して利用します。

❶ 経済の活性化

Foreign tourists will energize the local economy. They will spend a lot of money in Japan. They will use money, for example, to eat and drink, to stay at hotels, and to buy souvenirs. This will lead to energizing the Japanese economy.

続いて、インバウンド増加のデメリットを見ていきます。

インバウンド増加のデメリット

一見すると良いところばかり目立つインバウンドですが、やはり欠点もあります。例えば、通常日本では、飲食は飲食物を提供している店内でしますが、一部の訪日外国人観光客は路上や、ホテルのロビーなどに持ち込んで飲食をする等、**マナーや衛生面が悪化する**という問題があります。これは、日本と諸外国では、文化や風習が違うので必ず生じる問題でもあります。**12** の**カジノ誘致**のテーマで使用した論拠❸が利用できます。

---

❷ 治安の悪化

The areas where many foreign tourists go might not be safe. They have different customs, cultures, and manners from those of Japan. For example, they sometimes eat and drink where they should not do so. They might violate the laws in Japan.

続いて、自治体が過度にインバウンド増加に対応すると、そのことを不快に思ったり、マナーや衛生面での悪化、ひいては治安の悪化を不安に思ったりすることで、**日本人観光客が減ってしまう可能性**があります。例えば、タトゥーにあまり馴染みのない日本人の高齢者は、タトゥーを入れた外国人観光客が温泉に一斉に入って来ると、あまり良い思いはしないかもしれません。ここまでを英語にします。

---

❸ 日本人の観光客が減る

The number of Japanese tourists might decrease. If the local government adjusts its environment to foreign tourists too much, Japanese tourists might not feel comfortable. They would not like to go to such areas.

以上を基に、模範解答を作成します。

模 範 解 答

I disagree with this trend. It is true that **❶foreign tourists will energize the local economy**. They will use money to eat and drink, to stay at hotels, and to buy souvenirs. However, there are more disadvantages to this than advantages.

First, **❷the areas where many foreign tourists go might not be safe**. They have different customs, cultures, and manners from those of Japan. For example, they sometimes eat and drink where they should not do so. They might violate the laws in Japan.

Second, **❸the number of Japanese tourists might decrease**. If the local government adjusts its environment to foreign tourists too much, Japanese tourists might not feel comfortable. They would not like to go to such areas.

For these reasons, I disagree with the trend of the increasing number of foreign tourists.　(134 words)

全訳 　私はこの傾向には反対だ。確かに、❶外国人観光客は地域経済を活性化させるだろう。飲食や宿泊、そしてお土産を買うのにもお金を使うだろう。しかし、これはプラスよりマイナスの方が大きい。

　第一に、❷多くの外国人観光客が行く場所は、安全ではないかもしれない。彼らは日本とは異なる習慣・文化・マナーを有している。例えば、彼らは禁止されているところで飲食をする可能性がある。日本の法律を犯す可能性がある。

　第二に、❸日本人観光客の数が減るかもしれない。もし地方自治体がその環境を外国人観光客に過度に合わせるなら、日本人観光客は快適に思わないかもしれない。そのような地域への旅を好まないだろう。

　これらの理由から、外国人観光客の数が増える傾向に、私は反対だ。

ここでチェック！ ▶ 別冊 p. 7　解答の筋道と論拠

＊2020 年春の COVID-19（新型コロナウイルス感染症）の世界的大流行によって、図らずもインバウンド増加の傾向に歯止めがかかる結果となりました。

14 グローバリゼーションへの賛否

次の英文の指示に従い、英語の文章を書きなさい。

Do you believe globalization is good for the world? Provide your own explanations and reasons to support your decision. Your response should be 100 to 120 words.

グローバリゼーションとは？

　グローバリゼーションとは、人・もの・金が国境を越えて移動して、**経済や文化など が地球規模で影響を与え合うこと**を言います。例えば、金融がグローバル化したことで、日本にいても、海外の金融資産への投資が可能になりました。日本にいながら外国の会社の株式を保有することも、外国の国債を購入することも、外貨預金を保持することも可能になりました。一方で、グローバリゼーションの負の側面の例として、アメリカの大手証券会社リーマン・ブラザーズ社の経営破綻により、日本経済にも大打撃を与えた「リーマン・ショック」と呼ばれる世界的な金融危機が起こりました。

　グローバリゼーションのメリットとしては、**先進国の資本を途上国に投資することで、経済を活性化させて、新たな雇用を生み出すこと**です。一方で、ファーストフードやコーヒーチェーンに代表されるように、海外資本のグローバル企業の進出により、**その地方の独自性が失われ、固有の文化が破壊される**といったデメリットもあります。では、メリットの方から見ていきます。

グローバリゼーションのメリット

　前述のとおり、**世界規模での経済の発展**を期待できることでしょう。先進国の人材・技術・お金を投資することで、その地域の経済を活性化して、新たな雇用を生み出します。ここまでを英語になおします。

❶ 経済の活性化

Globalization will energize the economy all over the world. It will activate the local economy by investing human resources, technology, and money which industrialized countries have. It will create many new jobs.

続いて、グローバリゼーションによって、**国際交流が進んでいく**というメリットがあげられます。自国の製品やビジネスのやり方を、その国の文化や伝統に合わせて提供していくことが必要になります。その過程で、様々な文化を超えた交流が進み、相互理解につながっていきます。ここまでを英語になおします。

❷ 国際交流が活発になる

Globalization will lead to more international interactions. Global companies need to adjust their own ways to the local culture and tradition. As a result, they will interact with each other beyond their own cultures.

続いて、デメリットを見ていきます。

❝❝ グローバリゼーションのデメリット

世界規模での経済の発展とともに、**その地域固有の文化が失われる**可能性が出てきます。例えば、ファーストフード店が非常においしい料理を安価で提供して人気を博すと、その反面、地域固有のレストランからお客が離れてしまい、地域の食文化が失われるかもしれません。実際に、イタリアなどではそれを危惧して、ファーストフードに対抗して、スローフードという、地域の伝統食や調理法を守りゆっくり食事を味わおうという運動が起こりました。ここまでを英語にします。

❸ 地域固有の文化を破壊してしまう

> **Globalization might destroy the local culture**. For example, as fast food chains offer very nice dishes very cheaply, customers might rush in, and turn away from local restaurants.

グローバリゼーションのもう１つのデメリットは、**国内産業の空洞化**です。産業の空洞化とは、グローバリゼーションで、安価に運営できる海外に工場を建設して生産拠点を移すと、本来国内にあるはずの工場がなくなり、国内経済（生産力や調達力）が弱くなるという問題です。英語にします。

❹ 国内産業の空洞化

> **Globalization might kill domestic industries.** If global companies set up their plants abroad, there will be fewer domestic jobs. It might make their own economy weaker.

ここまでを基に、模範解答を作成します。

模 範 解 答

I do not believe globalization is good for the world. Of course, **❶it will energize the economy all over the world**. It will activate the local economy by investing human resources, technology, and money which industrialized countries have. However, there are more disadvantages to globalization.

First, **❸it might destroy the local culture**. As fast food chains offer very nice dishes cheaply, customers might turn away from local restaurants.

Second, **❹it might kill domestic industries**. If global companies set up their plants abroad, there will be fewer domestic jobs. It might make their own economy weaker.

For these reasons, I think globalization is bad for the world.

(106 words)

全訳 　私はグローバリゼーションが世界に良い影響を与えているとは思わない。もちろん、❶グローバリゼーションは世界中の経済を活性化するだろう。先進国の有する人材やテクノロジーや資金を投じることで、地域経済を活性化させる。しかし、グローバリゼーションにはマイナス面の方が多い。

　第一に、❸地域固有の文化を破壊してしまうかもしれない。ファーストフード店は、安くてとてもおいしい料理を提供するので、客は地元のレストランから離れてしまうかもしれない。

　第二に、❹グローバリゼーションによって、国内の産業が空洞化する恐れがある。もし世界展開する企業が、海外に工場を作るなら、自国の仕事が少なくなる。そのせいで、自国の経済が弱くなるかもしれない。

　これらの理由から、グローバリゼーションは世界に悪影響を与えていると思う。

ここでチェック! ▶ 別冊 p. 7　解答の筋道と論拠

問題文の全訳

　グローバリゼーションは世界に良い影響を与えていると思いますか。自分の意見に対する説明と理由を述べなさい。100 語から 120 語で解答しなさい。

15 ファーストフードへの賛否

テーマ

> 多くの人がファーストフードを利用している一方で、近い将来、食の伝統が利便性の高い食事によって取って代わられることを危惧する人もいる。ファーストフードの広まりに対して、賛成か反対かの立場を明確にした上で、120 語程度の英語で論じなさい。
>
>

ファーストフードは、非常に身近な存在で、毎日のように利用する人も多いでしょう。以前、"Super Size Me" というアメリカ映画がありました。「1 日に 3 食・30 日間、某ハンバーガー店のファーストフードだけを食べ続けたらどうなるか？」を、ドキュメンタリー映像で記録したものです。30 日後、体重や体脂肪は増加、体の様々な部位が病気がちになり、ファーストフードの不健康さを世に知らしめました。それでは、この映画の話も参考に、ファーストフードのメリット・デメリットを見ていきましょう。

" ファーストフードのメリット

まずは、ファーストフードのメリットからです。やはりその名の通り、**安くておいしい料理を速く提供してくれること**でしょう。英語になおします。

❶ 安くておいしい料理を速く提供
　Fast food offers nice dishes cheaply and fast.

続いて、**14** のグローバリゼーションのメリットで取り上げた論拠❶を利用します。**地域の経済を活性化**させて、**新規の雇用を生み出してくれる**ところが同じでしょう。

❷ 地域経済の活性化
　Fast food will energize the local economy. It will invest human resources, technology, and money which industrialized countries have. It will create many new shops and jobs.

続いて、ファーストフードのデメリットを見ていきます。

ファーストフードのデメリット

功罪の罪の観点から説明します。2003 年の WHO（世界保健機関）によると、ファーストフードは肥満に関係していると報告されています。2007 年には世界ガン研究基金で、ガン予防のためにファーストフードの摂取は控えるべきだとされています。砂糖と油で作られた食品は、非常に依存性を高める一方で、栄養価が低く、様々な病気の引き金になる可能性があります。ですから、何より**健康に悪い**というのが第一にあげられるでしょう。ここまでを英語になおします。

---

❸ 健康に悪い

Fast food is not good for your health.

You can become addicted to fast food easily. It might lead to many diseases, such as obesity, diabetes, and cancer.

もう1つのデメリットは、**14 のグローバリゼーションへの賛否**で見たデメリット（論拠❸）を横断して利用しましょう。グローバリゼーション同様、ファーストフードもその地域固有の食文化を壊してしまうと言えます。この点を英語になおします。

---

❹ 地域固有の食文化を壊してしまう

Fast food might destroy the local food culture.

For example, as fast food chains offer very nice dishes very cheaply, customers might rush in, and turn away from local restaurants.

ここまでを基に、模範解答を作成します。

模 範 解 答

I disagree with the spread of fast food industries. It is true that **❶fast food offers nice dishes cheaply and fast**. However, **❸it is not good for your health**. You can become addicted to fast food easily. It might lead to many diseases, such as obesity, diabetes, and cancer.

In addition, **❹fast food might destroy the local food culture**. For example, as fast food chains offer very nice dishes very cheaply, customers might rush in, and turn away from local restaurants. People who work for these restaurants might lose their jobs.

For these reasons, I do not agree with fast food industries. We should appreciate the local food culture and recognize its value.

(113 words)

全訳　私はファーストフード産業の広がりに反対だ。確かに、**❶ファーストフード産業はおいしい料理を安く速く提供してくれる**。しかし、**❸健康には良くない**。簡単にファーストフードに依存してしまう。肥満・糖尿病・ガンなどの多くの病気の要因になるかもしれない。

　さらに、**❹ファーストフードは地域固有の食文化を破壊してしまうかもしれない**。例えば、ファーストフード店は、とてもおいしい料理をとても安く提供するので、客が殺到した結果、地域のレストランから客足が遠のくかもしれない。そういったレストランで働く人々は職を失うかもしれない。

　これらの理由から、ファーストフード産業には賛成しない。私たちは、地域の食文化を尊重して、その本当の価値を認識すべきだ。

ここでチェック!　別冊 p. 8　解答の筋道と論拠

ここまで、**11** のオリンピック開催の功罪、**12** のカジノ誘致への賛否、**13** のインバウンドの増加への賛否、**14** のグローバリゼーションへの賛否、**15** のファーストフードへの賛否を見てきました。実際に、根拠として、いくつかの論拠を横断して利用してきたので、改めて 〉⊹ 便利な横断表現〉 として整理します。

まずは、「**経済の活性化**」がすべてのテーマで横断的に利用できました。ここでは主語には仮にオリンピックをあてはめて表現します。

⊹ 便利な横断表現 ⑥〉 経済の活性化

The Olympics will energize the economy. Many tourists will use money to eat and drink, to stay at hotels, and to buy souvenirs.

次に、「**治安の悪化**」を **12・13** の両方のテーマで利用しました。ここでは主語にはカジノをあてはめています。

⊹ 便利な横断表現 ⑦〉 治安の悪化

The areas around casinos will not be safe because of certain crimes. People will not walk around the areas peacefully.

最後に、「**地域固有の文化を破壊してしまう**」ことは、**14・15** の両方のテーマで利用しました。ここでは主語にはグローバリゼーションをあてはめます。

⊹ 便利な横断表現 ⑧〉 地域固有の文化を破壊

Globalization might destroy the local culture. As fast food chains offer very nice dishes cheaply, customers might rush in, and turn away from local restaurants.

続いて、言語の分野に関するテーマ（この分野も頻出です）を見ていきましょう。**14** の**グローバリゼーション**とも関連する、**海外旅行**と**留学**のテーマからスタートです。

テーマ **16** 海外旅行と留学のメリット

Answer the following question in English in 100 to 150 words.
What are the benefits of traveling and studying abroad? Discuss, using specific reasons and examples to support your answer.

　海外旅行をすることと留学することの意義について問われています。**14** の**グローバリゼーションへの賛否**のテーマで扱ったように、日本を出て海外に目を向けて、世界規模で活動をすることも珍しいことではなくなってきました。国際的な視野で物事を考えることが大切です。そのためにも英語を身につけることはとても重要で、留学することも効果的でしょう。一方で、（これ自体も自由英作文のテーマとして出題されていますが）近年、**留学する学生が減少している傾向**が見られます。留学先の**治安が不安定であること**や、留学したくても**経済状況などがそれを許さないこと**が主な背景としてあげられるでしょう。それでは、海外旅行や留学のメリットから見ていきます。

❝ 海外旅行・留学のメリット

　海外旅行や留学のメリットとして最初に考えられるのは、**外国語を話すことができるようになること**でしょう。ここでは、英語圏の国へ留学したいとします。もちろん、現地の日本人学校に入って日本人とばかりいると、英語は上達しないでしょう。しかし、現地の人たちや様々な国から来ている人たちと積極的に交流することで、英語は日々上達するはずです。多様な国々からの留学生とも英語を共通言語として話す機会は多く、英語を話す能力は、このグローバル化が進む世界では、非常に重要な力となっています。ここまでを英語にします。

> **❶ 海外旅行や留学で英語が上達する**
>
> Traveling and studying abroad will enable you to improve your English. You can speak English more fluently when you use it in your daily life. In this globalized world, it is more and more important to speak English.

続いて、海外旅行や留学の2つ目のメリットは、**文化の多様性を認識できる**ことでしょう。自国と異なる文化にふれることで、改めて自国の文化を相対的に見ることができるようになります。そしてその中で、1つ1つの文化の良し悪しを考えることができるようになるでしょう。ここまでを英語にします。

> **❷ 文化の多様性を認識できる**
>
> You can recognize cultural diversity by traveling and studying abroad. You can see your culture and views relatively by getting in touch with different cultures. You can realize the advantages and disadvantages of your own culture.

それから、前述したような**留学する生徒が減少している理由**を述べよとか、**留学の是非**という視点から問われた場合は、留学のデメリットも必要になるので紹介します。

海外旅行・留学のデメリット

お金がたくさんかかることがあげられるでしょう。留学ならば、学費に加えて生活費を払う必要があります。裕福な家庭であれば留学は良いことかもしれませんが、経済的に苦しい家庭であれば、留学することで家計を苦しめることになります。ここまでを英語にします。

❸ お金がたくさんかかる

It costs a lot of money to travel and study abroad. In studying abroad, you need to pay the cost of living as well as tuition fees. Studying abroad might cause you to be short of money.

それでは、以上を基に模範解答を作成していきます。

模 範 解 答

There are several advantages of traveling and studying abroad. Of course, **❸it costs a lot of money to travel and study abroad**. However, there are more advantages than disadvantages.

First, **❶traveling and studying abroad will enable you to improve your English**. You can speak English more fluently when you use it in your daily life. In this globalized world, it is more and more important to speak English.

Second, **❷you can recognize cultural diversity by traveling and studying abroad**. You can see your culture and views relatively by getting in touch with different cultures. Then, you can realize the advantages and disadvantages of your own culture.

For these reasons, there are many advantages of traveling and studying abroad. (118 words)

全訳　海外旅行や留学にはいくつかの利点がある。もちろん、❸海外旅行や留学はたくさんのお金がかかる。しかし、マイナスよりもプラスの方が多い。

　第一に、❶海外旅行や留学のおかげで、英語を上達させることができるだろう。日常生活で英語を使うと、より流暢に話すことができるようになる。このグローバル化した世界で、英語を話すことはますます重要だ。

　第二に、❷海外旅行や留学によって、文化の多様性を認識することができるだろう。異なる文化にふれることで、自分の文化や価値観を相対的に見ることができる。そして、自国の文化の長所と短所を認識することができる。

　これらの理由から、海外旅行や留学には多くのプラスがある。

ここでチェック！ 別冊 p. 8　解答の筋道と論拠

問題文の全訳

　次の問いに 100〜150 語の英語で答えなさい。

　海外旅行や留学の利点は何でしょうか。具体的な理由や例もあげて論じなさい。

17 英語の早期学習への賛否

幼年期からの外国語学習は良いという考えに対して、120 語程度の英語で論じなさい。

早期英語学習の背景

このテーマも、グローバリゼーションの影響が非常に大きいと言えます。一部の企業では、各国の人々と仕事をする機会が増えており、ますます日常的に英語を使用する世の中になってきました。英語教育に積極的なアジア諸国の動きの影響も大きいでしょう。韓国や中国では 20 年以上前に小学校 3 年生から英語が必修科目になっています。では、早期英語学習のメリット・デメリットを具体的に見ていきましょう。

早期英語学習のメリット

小学校の低学年は、いわゆる**言語形成期にあたる**と言われています。言語形成期とは、言語を自然に習得しやすい時期で、5 歳頃から 12 歳ないし 15 歳頃までの期間と言われています。**その言語を早く学習すればするほど、それだけよく身につけられると言われている**ので、早期英語学習には一定のメリットは認められています。ここまでを英語にします。

> ❶ **小学校の低学年が言語形成期にあたる**
> The lower grades of elementary school are the best for language development. The earlier people start to learn a foreign language, the better they will acquire it.

続いて、**子供は新しいことを学習するのにより柔軟であること**も早期英語学習のメリットと言えるでしょう。子供は大人と違って、発音やスピーキングを恥ずかしがることも少ないため、実践的な英語を学びやすくなります。英語になおします。

❷ 子供は柔軟なので、新しいことを習得しやすい

Children are more flexible about learning new things. This enables children to acquire practical foreign language skills more easily. For example, they do not feel embarrassed to speak English.

続いて、早期英語学習のデメリットを見ていきます。

早期英語学習のデメリット

　日本語もまだ発展途上の小学校の段階で英語学習をスタートすると、母語の習得にマイナスの影響が表れると言われています。同時に、言語は文化と直結するもので、日本人であることのアイデンティティーにもマイナスの影響を及ぼす可能性があります。ここまでを英語にします。

❸ 母語にマイナスの影響がある

If children start to learn English in the early elementary school years, it might have negative influences on their mother tongue. As languages are related to the culture, it might have negative effects on their identity, too.

　デメリットの2つ目は、**小学校時点で、英語嫌いをますます助長してしまう可能性**があることです。好きこそものの上手なれと言いますが、一度嫌いになると再び好きになるのも難しくなってしまいます。英語にします。

❹ 英語嫌いを助長してしまう

Children might not like English in elementary school. Once they dislike English, it is difficult for them to learn it again positively.

以上を基に、模範解答を作成していきます。

模 範 解 答

I disagree with this opinion. It is true that **❶the lower grades of elementary school are the best for language development**. The earlier you learn a foreign language, the better you can acquire it. However, **❸if children start to learn English in the early elementary school years, it might negatively affect their mother tongue**. Therefore, it is more important for pupils to learn Japanese before English. Learning the native language is said to play a crucial role in forming children's personalities.

Additionally, **❹children might not like English if they begin learning it too early**. Once they dislike English, it is difficult for them to learn it again positively.

For these reasons, I am against this opinion.　(116 words)

全訳　私はこの意見に反対だ。確かに、**❶小学校の低学年は言語形成期にあたる**。外国語を学ぶのが早ければ早いほど、それが上手になる。しかし、**❸もし小学校低学年の子供が英語を勉強し始めるなら、母語にマイナスの影響を与えるかもしれない**。よって生徒たちは英語の前に日本語を学ぶ方が重要だ。母語を学ぶことは、子供の人格形成に非常に重要な役割を果たすと言われている。

さらに、**❹小学校の子供たちは、あまりに早く学習し始めると英語を好きにならないかもしれない**。一度英語を嫌いになると、再び前向きにそれを学ぶのは難しくなる。

これらの理由から、この意見に反対だ。

ここでチェック!▶ 別冊 p. 8　解答の筋道と論拠

続いて、こちらも言語習得に関連する内容ですが、**英語以外の第二外国語習得**がテーマです。大学では、ほとんどの学生がフランス語・中国語など英語以外の外国語を学ぶことになるため、入試で頻出のテーマになります。

18 第二外国語の学習への賛否

英語以外の第二外国語の学習が重要だという意見に対して、120語程度の英語で論じなさい。

★★

大学に入学すると、ほとんどの大学で英語以外の第二外国語の授業があります。フランス語やスペイン語・ドイツ語などが選択でき、現在では中国語も第二外国語として人気があります。では、メリットを見ていきます。

英語以外の第二外国語習得のメリット

最初のメリットとしては、**16の海外旅行と留学のメリット**で学んだ「**文化の多様性を認識できる**」という表現を利用しましょう。1つの言語を学ぶことは、その言語が話されている文化を学ぶという意味で、多様性を認識できるようになります。現代社会では、ダイバーシティ（diversity）という多様性を認めてそれを受け入れる感性がとても重要になっています。ここまでを英語にします。

> **❶ 文化の多様性を認識できる**
>
> You can recognize cultural diversity by learning another foreign language. Learning a language means learning the culture in which it is spoken. You can see your culture and views relatively by getting in touch with different cultures. You can realize the advantages and disadvantages of your own culture.

この**多様性の認識**は、「海外旅行・留学」のみならず、「言語学習」というテーマにおいても利用できて便利なので、ここで としてあげておきます。

便利な横断表現 ⑨ 　**文化の多様性の認識**

> **You** can recognize cultural diversity. You can see your culture and views relatively by getting in touch with different cultures. You can realize the advantages and disadvantages of your own culture.

メリットの続きです。他にも、1つの言語によって、多くの世界をのぞくことができます。例えばスペイン語を学ぶと、スペインやメキシコ・チリ・アルゼンチンなどの中南米諸国の多数の国の人と意思疎通ができるようになります。また、ポルトガル語やイタリア語など、類似点の多い言語の習得にも役立ちます。以上を英語にします。

❷ 1つの言語によって、多くの世界をのぞくことができる

> One language can be a window to many worlds. If you learn Spanish, you can communicate with people in Spain and many Latin American countries, such as Mexico, Chile, and Argentina. Knowledge of Spanish is useful in learning Portuguese, Italian, and other languages which have many similarities.

続いて、第二外国語習得のデメリットを見ていきましょう。

英語以外の第二外国語習得のデメリット

私も実際の大学生活で思ったことがありますが、**英語も話せない人が多いのに、大学の授業だけでもう1つの言語が身につくわけがありません。**英語になおします。

❸ 英語も話せないのに、さらに別の言語を身につけられない

> There are many people who cannot speak English. They cannot master another foreign language in just a few years at university.

以上を基に、模範解答を作成します。

模 範 解 答

It is important to learn a second foreign language other than English. Of course, ❸it may be difficult to acquire another foreign language in just a few years at university. However, you can enjoy many advantages.

First, ❶you can recognize cultural diversity by learning another foreign language. Learning a language means learning the culture in which it is spoken. You can see your culture and views relatively by getting in touch with different cultures. You can realize the advantages and disadvantages of your own culture.

Second, ❷one language can be a window to many worlds. If you learn Spanish, you can communicate with people in Spain and many Latin American countries, such as Mexico, Chile, and Argentina.

For these reasons, I agree with this opinion. (125 words)

全訳　英語以外の第二外国語を習得することは重要だ。もちろん、❸大学のたった数年でさらに別の言語を習得することは難しいかもしれない。しかし多くの利点がある。

第一に、❶さらに別の言語を学ぶことによって文化の多様性を認識することができる。言語を学習することは、それが話されている文化を学ぶことを意味する。異なる文化にふれることで、自分の文化や価値観を相対的に見ることができる。自分自身の文化のプラスとマイナスに気づくことができる。

第二に、❷1つの言語は多くの世界をのぞく窓になることがある。仮にスペイン語を学んだとすると、スペインの人や、メキシコ、チリ、アルゼンチンのような多くのラテンアメリカ諸国の人々とコミュニケーションを取ることができる。

これらの理由から、私はこの意見に賛成する。

ここでチェック! 別冊 p. 9　解答の筋道と論拠

19 英語の社内公用語化への賛否

Imagine that you work at a large company in Japan that does business overseas. Your company is trying to decide whether or not to make English the official language of the company. What do you think? Write your opinion and your reasons in about 120 English words.

英語公用語化の動きは、実際に日本国内のいくつかの企業で実施されています。**グローバリゼーションの影響**で、**日本のみならず海外でサービスを展開できる**とともに、**海外からの優秀な人材を受け入れる体制に合致している試み**と言えるでしょう。一方で、日本語しか使えない人にとっては、英語を学ばなければ仕事を続けられない厳しい状況です。では、英語社内公用語化のメリットから見ていきましょう。

英語社内公用語化のメリット

何と言ってもやはり、**グローバル社会に対応できること**があげられるでしょう。企業の世界展開やサービスを世界に広げることが可能になります。ここまでを英語にしましょう。

❶ グローバルな社会に対応できる
Making English the official language can enable the company to deal with a globalized world. This policy will allow the company to advance in the world and expand its services all over the world.

さらに英語を社内公用語にすることで、**海外からの優秀な人材の確保**につながります。同時に、**自社の社員の意識が高まって、流暢な英語を話せるようになる人も増える**でしょう。ここまでを英語にします。

❷ 優秀な人材の確保につながる

It will allow the company to attract many excellent workers throughout the world. Also, it will enable the employees to speak English better.

一方で、英語を社内公用語化する際のデメリットを見ていきます。

❝英語社内公用語化のデメリット

社内からの反発が予想されるでしょう。英語を話せる人は良いですが、話せない人は、今さら勉強する気も起きずに、会社をやめてしまうかもしれません。

❸ 社員から反対される

Some employees will disagree with this policy. They cannot speak English and do not feel like learning it. They might leave the company.

以上を基に、模範解答を作成していきます。

模 範 解 答

I agree with the idea of making English the official language of my company. It is true that ❸some employees will disagree with this policy. Those who cannot speak English might leave the company. However, there are more advantages than disadvantages.

First, ❶this policy can enable the company to deal with a globalized world. It will allow the company to advance in the world and expand its services all over the world.

Second, ❷it will enable the company to attract many excellent workers throughout the world. Also, it will allow the employees to speak English better.

For these reasons, I support the idea of making English the official language of my company. (112 words)

全訳　英語を自社の社内公用語にするという考えに賛成だ。確かに、❸一部の従業員はこの方針に反対するだろう。英語を話さない人は、その会社をやめなければいけなくなるかもしれない。しかし、マイナスよりもプラスの方が多い。

　第一に、❶この方針のおかげで、その会社はグローバル化された世界に対応できる。そのおかげで、その会社は世界進出して、サービスを世界中に広げることができる。

　第二に、❷その方針のおかげで、その会社は世界中の優秀な労働者を多く引きつけられる。また、そのおかげで従業員の英語が上手になる。

　これらの理由から、私は英語を自社の社内公用語にする考えを支持する。

ここでチェック！　別冊 p. 9　解答の筋道と論拠

問題文の全訳

　あなたが海外展開している日本の大企業で働いていると仮定します。自分の会社が英語を社内公用語にするかどうかを決めようとしています。あなたはどう思いますか。自分の意見とその理由を 120 語程度の英語で書きなさい。

テーマ 20 若者の本離れの原因と本を読む メリット

Today, young people tend to read fewer books than they did forty years ago. Suppose this is correct. What are the causes? What are the benefits to reading? State your opinion in English with specific examples. (approximately 100 words)

★★

有名な英語のことわざに Reading is to the mind what food is to the body. 「読書と精神の関係は、食べ物と体の関係と同じだ」 というものがあります。**読書は豊かな精神を保つことにつながり、脳の栄養になる**と言われています。また、**知識や知恵を増やすことにもつながる**と言われています。一方で、一定の忍耐力や時間も要するので、現代の若者は本よりもテレビや YouTube などを好む人たちが多いのかもしれません。では、読書のメリットを見ていきましょう。

❝ 読書のメリット

まずは、**本を読むことで多くの専門的な情報を簡単に知ることができる**ことがあげられるでしょう。**You can get a lot of information ～ .** は、 便利な横断表現 ③ で取り上げました。何かのセミナーや講習を受けることと比べると、安価で時間もかからずに、貴重な情報を手にすることができます。ここまでを英語にします。

---

❶ 本を読むことで多くの情報を手にすることができる

You can get a lot of information from books. You can easily obtain a lot of technical information from books. It takes less time and costs less money to get valuable information than taking classes.

続いて、**本を読むことで心が豊かになります。**一冊の本を読むだけで、誰かの一生を知り、さらに空想の世界を味わうことができます。英語にします。

❷ **本を読むことで、心が充実する**

> **Reading books will make you more fulfilled.** One book alone can tell you about someone's entire life. Books can also develop your imagination.

　現代では、娯楽や教養を深める目的でも、本以外の媒体が非常に多くなってきました。では、本に取って代わるものを見ていきましょう。

本に取って代わるもの

　やはり、第一に**インターネット**があげられるでしょう。ネットでは、**本よりも速くお金もかけずに、より多くの情報を入手**できます。そして、テレビやインターネットは、映像や動画のスタイルで楽しむことができるのが、本にはない強みでしょう。ここまでを英語にします。

❸ **本よりもインターネットの方が、より速く安く多くの情報を入手できる**

> **You can get more information faster and cheaper on the Internet than from books.**
>
> +α Watching videos on such media as TV and the Internet is more fun than reading books for some people.
> テレビやインターネットで動画を見る方が、本を読むより楽しい人もいる。

　以上を基に、模範解答を作成します。

模 範 解 答

The tendency to read fewer books is growing because you have many types of media other than books. For example, ❸you can get more information faster and cheaper on the Internet than from books. Also, watching videos on such media as TV and the Internet is more fun than reading books for some people. However, you should not forget the following positive effects of reading books.

❷Reading books will make you more fulfilled. One book alone can tell you about someone's entire life. Unlike videos, books can let you imagine various worlds. In other words, books can develop your imagination.

(100 words)

全訳　読書量がますます少なくなっているのは、本以外に多くのメディアがあるからだ。例えば、❸本よりもインターネットで、より多くの情報を速く安価に入手できる。また、テレビやインターネットのようなメディアで動画を見ることの方が、本を読むよりも楽しいと感じる人もいるかもしれない。しかし、読書の次のようなプラスの影響を忘れるべきではない。

❷本を読むことで、心が充実する。一冊の本を読むだけで、ある人の生涯を知ることができる。動画と違って、本は、我々に様々な世界を想像させてくれる。すなわち、本は私たちの想像力を育んでくれる。

ここでチェック!　別冊 p. 10　解答の筋道と論拠

問題文の全訳

　現代の若者は、40年前と比べると本を読まない傾向にある。これが正しいと仮定しよう。その原因は何か。本を読むことのメリットは何か。具体例を用いて、英語で意見を述べなさい。(約100語)

テーマ **21** 本から学ぶか経験から学ぶか

本から得た知識と経験から得た知識はどちらが重要か、120 語程度の英語で論じなさい。

★★

前のテーマで学んだように、本から学べることはたくさんあります。しかし一方で、本でふれているだけでは机上の空論であり、**そこで学んだことを行動に移すことこそ**、一番大切なことになります。では、本の知識のメリット・デメリットから紹介していきます。

本の知識のメリットとデメリット

メリット❶は、**20** で取り上げた論拠❶をそのまま利用できます。

> ❶ **本を読むことで多くの情報を手にすることができる**
> You can get a lot of information from books. You can easily obtain a lot of technical information from books. It takes less time and costs less money to get valuable information than taking classes.

そして、**本を読むことで心が豊かになります**。一冊の本を読むだけで、誰かの一生を知り、さらに空想の世界を味わうことができます。心の充実は **20** でも出てきたので、ここで 〉**便利な横断表現**〉 としてまとめておきます。

便利な横断表現 ⑩ 心の充実

Reading books will make you more fulfilled. One book alone can tell you about someone's entire life. Another lets you experience an imaginary world.

続いて、本から知識を得ることのデメリットです。冒頭に述べたように、**知っていることと実際にやることは全然違う**と言えます。実際にやって初めて価値が生まれること

もよくあります。英語にします。

---

❷ 知っていることと実際にやることは全然違うこと

Knowing something is very different from doing it.

+α It is not until you do something that you know what it really is.
実際にやって初めて、本当のことがわかる。

続いて、経験から得た知識のメリットとデメリットを見ていきましょう。

経験から得た知識のメリットとデメリット

経験から得た知識のメリットとしては、**以前に同じことを経験していれば、次に何を すべきかが素早くわかること**があげられます。一度経験することで、誰よりも早く問題 を解決する方法がわかるでしょう。ここまでを英語にします。

---

❸ 似たような経験をしていれば、問題を解決できる

You can deal with some difficulties if you have had a similar experience.

+α You can come up with a solution faster than those who have not had a similar experience.
経験をしたことがない人よりも早く解決策を思いつくことができる。

一方で、経験から得た知識のデメリットを紹介します。本と違って、**自分の経験に縛 られてしまい、かえって未知の問題に対応できない**ことがあげられます。本で得られる 膨大な知識量と違って、過去の経験だけに縛られてしまうからです。ここまでを英語に します。

---

❹ 未知の問題に対応できない

You cannot deal with problems you have never faced.

+α You are bound by only your past experiences instead of a wider range of knowledge from books.
本の膨大な知識と違って、過去の経験だけに縛られてしまう。

以上を基に、模範解答を作成します。

模 範 解 答

Knowledge from experiences is more valuable. It is true that knowledge from books is very important because **❶you can get a lot of information from books**. It takes less time and costs less money to get valuable information than taking classes. However, **❷knowing something is very different from doing it**. It is not until you do something that you know what it really is.

You can see many advantages to knowledge from experiences. For example, **❸you can deal with some difficulties if you have had a similar experience**. You can come up with a solution faster than those who have not had a similar experience.

For these reasons, knowledge from experiences is more important.

(114 words)

全訳　経験から得た知識の方が、価値がある。確かに、**❶本からたくさんの情報を得られるか**ら、本から得た知識はとても重要だ。貴重な情報を得るのに、授業を受けるより時間もお金もかからない。しかし、**❷何かを知っていることとそれを実際にやることはまったく異なる**。本当の意味でそれが何であるかは、それをやってから初めてわかるものだ。

　　経験から得た知識には多くの利点がある。例えば、**❸似たような経験をしたことがあると、問題を解決できる**。経験をしたことがない人よりも早く解決策を思いつくことができる。

　　これらの理由から、経験による知識の方が重要だ。

ここでチェック!▶ 別冊 p. 10　解答の筋道と論拠

テーマ 22 電子書籍と紙の本のどちらが好きか

Do you prefer e-books or printed books? In a paragraph, explain your answer giving at least two specific reasons. (approximately 80 words)

e-books は、e-mail や e-commerce と同様に、electronic books の略になります。このテーマは、**電子辞書と紙の辞書のどちらが好きか**というテーマや、**ネットニュースと新聞のどちらが好きか**というテーマにも応用することができます。これらの設問に共通するのは、**電子媒体と紙のメリット・デメリット**になります。では、電子書籍のメリットから見ていきましょう。

電子書籍のメリット

紙の本であれば、カバンか何かに入れて持ち運ぶ必要がありますが、電子書籍であれば、携帯電話でも見ることが可能なので、**持ち運びが非常に簡単になります**。それから**紙の本よりも値段が安くなります**。ネット上で購入が可能なので、すぐに買うことができきます。以上を英語にします。

❶ 持ち運びが簡単

It is easier to carry e-books than printed books. This is because you can read them on your cell phones. You can read them almost anywhere.

❷ 値段が安い

It is cheaper to buy e-books than printed books. You can buy them on the Internet easily.

一方で、世の中ではまだ電子書籍よりも紙の本が根強い人気を誇っています。それでは、電子書籍のデメリットを見ていきましょう。

❝ 電子書籍のデメリット

　電子書籍は、実際のページを手でめくることがなく、一冊の本の体裁をとっていないので、**読んでいる実感がわかない**ことがあげられます。そして、長時間読んでいると、**疲れを感じやすい**とも言えます。場合によっては、目が悪くなることもあるでしょう。ここまでを英語にします。

---

❸ 読んでいる実感がわかない

> **E-books do not make you feel like you are reading books.** This is because you do not turn the pages, and they are not similar to printed books in shape.

---

❹ 疲れを感じやすい

> **You may feel tired in reading e-books.** You might get bad eyesight by reading them.

　以上を基に、模範解答を作成します。

模 範 解 答

　I prefer e-books to printed books. It is true that many people are used to reading printed books. However, I like e-books for the following reasons.

　First, ❶**it is easier to carry e-books than printed books**. This is because you can read them on your cell phones. You can read them almost anywhere.

　Second, ❷**it is cheaper to buy e-books than printed books**. You can buy them on the Internet easily.

　For these reasons, I like e-books better than printed books.

(80 words)

全訳　私は紙の本よりも電子書籍が好きだ。確かに、多くの人が紙の本を読むのに慣れている。しかし、以下の理由で私は電子書籍が好きだ。

第一に、❶紙の本より電子書籍の方が、持ち運びが簡単だ。その理由は、携帯電話で電子書籍を読むことが可能だからだ。電子書籍なら、ほとんどどこでも読むことができる。

第二に、❷紙の本より電子書籍を購入する方が安い。インターネットで簡単に購入することができる。

これらの理由から、私は紙の本より電子書籍が好きだ。

ここでチェック!　別冊 p. 10　解答の筋道

問題文の全訳

　電子書籍と紙の本のどちらが好きか。少なくとも2つ具体的な理由をあげて、解答を説明しなさい。（約80語）

テーマ 23 死刑制度への賛否

Should the Japanese government abolish the death penalty? Why, or why not?（100〜150 words）

★★

　死刑制度の是非を問う自由英作文は、長年出題されており、大学入試のみならず英検などでも、自由英作文やスピーキングの題材に何度も使用されてきました。なぜ、ここまで死刑制度の是非がテーマになるかというと、世界的に見ても死刑制度を採用している先進国は、日本とアメリカくらいであり、常に議論を呼ぶテーマだからです。このテーマの場合、原則、**反対の立場を取ること**をおすすめします。根拠が理解しやすく、試験本番で思い出すことが容易だからです。では、死刑制度の欠点を見ていきましょう。

死刑制度の欠点

　まずは、死刑制度の最大の欠陥とも言えるのが、**冤罪の可能性**です。冤罪とは、濡れ衣というとわかりやすいでしょうか。実際は犯人ではないのに犯人に仕立てられてしまう、かつその罪で命まで奪われてしまうとなったら、理不尽極まりない事態を引き起こしてしまいます。だからこそ、命を奪う死刑は、廃止すべきだという結論になります。ここまでを英語にします。

---

❶ 冤罪の可能性がある

There is a possibility of false accusation. We should abolish the death penalty because we might kill innocent people. In fact, there have been several false accusations in Japan. We must not kill innocent people.

　続いて、あえて死刑制度の長所をあげると、死刑制度が凶悪犯罪の抑止力になる可能性です。しかし、**研究や調査によると、抑止力にならない**という結果が出ています。凶悪犯罪に手をそめる人間は、死刑制度の有無に関係なくそういった犯罪を起こすようです。英語にします。

> **❷ 凶悪犯罪の抑止力にはならない**
> **It is a proven fact that the death penalty cannot prevent people from committing cruel crimes.** Those who commit such crimes will do so whether there is a death penalty or not.

　死刑制度反対の最後の根拠は、死刑が**新たな殺人者を生み出してしまうこと**です。現在の日本では絞首刑ですが、誰かがそのボタンを押さなければなりません。複数の人で複数のボタンを押して、執行者の特定を防ぐような手法も取られているようですが、誰かを殺した可能性があるという罪の意識は、執行者を生涯にわたって苦しめることがあるそうです。英語にします。

> **❸ 新たな殺人者を生み出すこと**
> **The death penalty will produce a new murderer.** Executing means someone kills someone. Those who might kill someone will suffer for a long time from the guilt of killing someone.

　死刑制度の是非は頻出のテーマなので、反対の根拠を最低3つは用意して、語数指定が多い場合にも対応できるようにしておきましょう。論の進め方としては、**最初に、一見すると死刑制度の長所とも思われる犯罪の抑止力を紹介して、あとで否定する譲歩の形**をとります。では、模範解答を見ていきます。

模 範 解 答

　I disagree with the death penalty. It is true that some people agree with the death penalty. They say it can prevent people from committing cruel crimes. However, **❷it is a proven fact that the death penalty cannot stop people from committing such crimes**. Those who commit such crimes will do so whether there is a death penalty or not.

　Also, **❶there is a possibility of false accusation**. We should abolish the death penalty because we might kill innocent people. In fact, there have been several false accusations in Japan. We must not kill innocent people.

Finally, ❸the death penalty will produce a new murderer. Executing means someone kills someone. Those who might kill someone will suffer for a long time from the guilt of doing it.

For these reasons, I disagree with the death penalty. (136 words)

全訳 私は死刑に反対だ。確かに死刑に賛成する人もいる。彼らは、死刑があることで凶悪犯罪の抑止力が生まれると言う。しかし、❷<u>死刑がそのような犯罪の抑止力にはならないことは証明されている</u>。そのような罪を犯す人は、死刑があろうとなかろうと罪を犯すものだ。

　また、❶<u>冤罪の可能性</u>がある。死刑を廃止すべきなのは、無実の人を殺してしまう可能性があるからだ。実際に、日本ではいくつかの冤罪があった。無実の人を殺してはいけない。

　最後に、❸<u>死刑は新たな殺人者を生み出してしまう</u>。死刑を行うということは、誰かが人を殺すことを意味する。人を殺すと、長い間、罪の意識で苦しむだろう。

　これらの理由から、私は死刑に反対だ。

ここでチェック! 別冊 p. 11　解答の筋道と論拠

問題文の全訳

　日本政府は、死刑制度を廃止すべきか。なぜ廃止すべきで、あるいはなぜ廃止すべきではないのか。(100〜150 語)

24 成功から学ぶか失敗から学ぶか

人は成功から学ぶか失敗から学ぶか、100 語程度の英語で論じなさい。

　生徒には、個人的な思いで自由英作文は書かないようにと指導しています。中立の立場で 2 つの説を眺めて、**根拠が 2 つ容易に浮かび、かつ簡単に英語で書ける方を選びなさい**と伝えております。とはいうものの、このテーマの場合は失敗から学ぶことの方がはるかに多いと述べたくなります。解答作成の簡単さと自説がマッチすれば良いのですが、試験本番では冷静に立ち位置を選びましょう。成功から学ぶメリット・デメリットを見ていきます。

成功から学ぶメリット

　まずは、**一度成功することで自信を持てる**ようになることでしょう。その自信が次へのチャレンジにつながります。ここまでを英語にします。

---

❶ 一度成功することで、自信を持てる

　Once you succeed, you can believe in yourself.

+α　Self-confidence motivates you to aim higher.
　その自信で、より高い目標を抱けるようになる。

成功から学ぶデメリット

　続いて、成功から学ぶデメリットです。**成功しか知らないと、謙虚さが失われて、傲慢になってしまいます。**さらに成功しか知らないときは、一度失敗するとなかなか立ち直れなくなることがあげられるでしょう。ここまでを英語にします。

❷ **謙虚さが失われて、傲慢になってしまう**

　　You lose modesty and become arrogant.

+α　Once you fail, you can not recover easily.

　　一度失敗すると簡単には立て直せない。

失敗から学ぶメリット

　続いて、失敗から学ぶメリットを見ていきます。**失敗することで、自分を 省 みる機**
<small>かえり</small>
会が生まれます。そうして、自分の弱点や欠点を知ることができます。**失敗するたびに、**
自分の欠点がわかり、そこを修正して、成長することができます。一度も失敗せずに成
功した人などいないのです。ここまでを英語にします。

❸ **失敗したら、反省することができる**

　　If you fail, you can reflect on yourself.

+α　Failures are good opportunities to reflect on yourself, know your drawbacks, and
　　overcome them.

　　失敗は、反省して欠点を知り克服するいい機会だ。

+α　Every time you fail, you will know your weaknesses and grow.

　　失敗するたびに、自分の弱点がわかり、成長することができる。

+α　You know that you cannot succeed without failure.

　　一度も失敗せずには成功しないことがわかる。

　続いて、失敗から学ぶデメリットを見ていきましょう。

失敗から学ぶデメリット

　失敗すると恥ずかしい思いをするし、 惨 めな思いもします。失敗すると、厳しい現実
<small>みじ</small>
と向き合わなければならなくなります。これはこれで、経験の浅いうちは、なかなか辛
いのも事実です。ここまでを英語にします。

100

❹ 失敗したら恥ずかしく惨めな思いをする

Failures make you feel ashamed and miserable.

+α You have to face a harsh reality.
厳しい現実と向き合わなければならない

以上を基に、模範解答を作成します。

模 範 解 答

People learn more from failure than from success. It is true that success is important. **❶Once you succeed, you can believe in yourself**. Self-confidence motivates you to aim higher. However, you can learn a more valuable lesson when you fail.

❸If you fail, you have to reflect on yourself. Failures are good opportunities to reflect on yourself, know your drawbacks, and overcome them. Every time you fail, you will know your weaknesses, grow, and get closer to success. You know that you cannot succeed without failure.

Therefore, failure is a better teacher than success.

(94 words)

全訳　人は成功より失敗から多くを学ぶ。確かに、成功は重要だ。❶一度成功すると、自分のことを信じられるようになる。この自信によって、より高い目標を抱けるようになる。しかし、失敗したときの方が、より貴重な教訓を学ぶことができる。

❸失敗したら、自分を省みなければならない。失敗は、反省して、自分の欠点を知り、それを克服する良い機会だ。失敗するたびに、自分の弱点を知り、成長して、成功に近づけるのだ。失敗なしには成功できないとわかるだろう。

したがって、失敗は成功よりも多くのことを教えてくれる。

ここでチェック! 別冊 p. 11　解答の筋道と論拠

テーマ 25 不老不死への賛否

Read the statement below and write a paragraph giving at least two reasons why you agree or disagree with it. Write your answer in English. (approximately 100 words)

"People would be happier if they could live forever."

　不老不死は、人類の永遠のテーマの１つです。古くは秦の始皇帝から、近代はヒトラーに至るまで、世の為政者（いせいしゃ）が絶大な権力を手にした後にこぞって追い求めた理想でもあります。漫画や映画でも広く題材として扱われてきました。漫画『ドラゴンボール』でも、ピッコロ大魔王がドラゴンボールを集めて永遠の若さを追い求めました。映画『インディ・ジョーンズ／最後の聖戦』でも、永遠の命を得られるという聖杯伝説のストーリーが登場します。では、不老不死のメリットを見ていきましょう。

❝不老不死のメリット

　まずは**長い間生きることで、多くの経験ができる**ことがあげられます。命が永久に続くなら、いろんな人に出会ったり、いろんな場所を訪れたりすることができるでしょう。ここまでを英語にします。

> ❶ 多くの経験をすることができる
> If we could live forever, we could have a wide range of experiences.
> We could meet all sorts of people and go everywhere.

　続いて、**死や老いへの恐怖がなくなる**ことがあげられます。誰しも死や年老いて衰えていくのは恐いものです。その恐れがなければ、精神的にゆとりが生まれるでしょう。ここまでを英語にします。

❷ 死や老いへの恐怖がなくなる

We would not be afraid of death or old age. Everyone has the fear of death and aging. Without this fear, we would feel relaxed.

続いて、不老不死のデメリットを見ていきます。

不老不死のデメリット

私たちの人生は有限であり、だからこそ達成感を感じて幸せになることができるのでしょう。もし永遠に生きられるなら、今に感謝や感動ができなくなってしまうでしょう。ここまでを英語にします。

❸ 人生は有限だから、達成感を味わい幸せになることができる

We can feel satisfied and happy because our lives are finite. If we could live forever, we would not feel thankful or moved.

そして、もし自分だけが不老不死ならば、ある恐ろしい現実と向き合うことになります。それは、**自分の大切な人が自分より必ず先に亡くなる**ことです。自分の家族や友人が自分より必ず先に亡くなります。ここまでを英語にします。

❹ 自分の大切な人が自分より必ず先に亡くなる

If we had an eternal life, we would have to face the deaths of loved ones. Our family members and friends would necessarily die ahead of us.

では、以上を基に模範解答を作成していきます。

模 範 解 答

We would not be happier if we could live forever. Of course, **❶we could have a wide range of experiences**. We could meet all sorts of people and go everywhere. However, these are less important than the negative aspects of eternal life.

First, **❸we can feel satisfied and happy because our lives are finite**. If we could live forever, we would not feel thankful or moved.

Second, **❹if we had an eternal life, we would have to face the deaths of loved ones**. Our family members and friends would necessarily die ahead of us.

For these reasons, immortality would not make us happier.

(103 words)

全訳　永遠に生きられるとしても、より幸せにはなれないだろう。もちろん、**❶様々な経験ができるだろう**。あらゆる種類の人に会い、あらゆるところに行くことができる。しかし、こうしたことは、不老不死のマイナスの点に比べると重要ではない。

　第一に、**❸人生は有限だから満足感や幸福感を味わうことができる**。もし永遠に生きられるなら、感謝や感動をしなくなるだろう。

　第二に、**❹永遠の命が与えられたら、最愛の人の死に直面しなければならないだろう**。私たちの家族や友人は、必ず私たちより先に亡くなるだろう。

　これらの理由から、不老不死で、私たちがより幸せになることはないだろう。

ここでチェック!　別冊 p. 12　解答の筋道と論拠

問題文の全訳

　下記の意見を読んで、賛成か反対を少なくとも 2 つ理由を述べて文章を書きなさい。100 語程度の英語で書きなさい。

　「永遠に生きることができたら、人はより幸せになれるだろう」

26 嘘をつくのは常に悪いことか

嘘をつくのは常に悪いことか？　70語程度の英語で答えなさい。

　人は1日に平均3回の嘘をつくと、ある実験で発表されたことがあります。これが事実だとすると、**世の中の誰もが毎日嘘をついている**と言えることになります。すると重要なのは、嘘をつかないこと以上に、**どのような嘘をつくか**ということになります。まずは、嘘にも種類があることを見ていきましょう。

良い嘘（white lie）

　嘘の中でも、**人を助けるための嘘**を英語では **white lie** といいます。white magic「白魔術」が良い行いのための魔法を意味することからもわかる通り、古代から white「白」には正義で体を回復するイメージがありました。white lie「良い嘘」とは、**相手を前向きな気持ちにさせ、少しでも幸せになってもらうためにつく嘘**を指します。そして、**残酷な事実を突きつけないための嘘**もあります。例えば、死期が近い重病人に嘘の病名を言うのは、残りの人生を心安らかに過ごしてほしいという願いからです。「良い嘘」の2つ目は、例えば**冗談を言って、その場を和ませるための嘘**です。ここまでを英語にしましょう。

❶ 相手に前向きになり、幸せになってもらうための嘘

White lies can help people feel more positive and happier. Also, they can keep people from knowing cruel facts. For example, doctors can report a fake diagnosis to patients with terminal cancer. They hope patients will live peacefully for the rest of their lives.

❷ 人を楽しませるための嘘。冗談を言って、その場を和ませるための嘘

White lies can entertain people. They are jokes to break the ice.

　一方で、black「黒」には悪意のある攻撃的なイメージがあるので、**「悪意のある嘘」**を英語では **black lie** といいます。では、どんな嘘かを見ていきましょう。

❝悪い嘘（black lie）

　「悪い嘘」には、例えば**自分の悪事を正当化したり、隠したりするためにつく嘘**があります。嘘をつく動機が悪いということです。続いて、「悪い嘘」には**大切な人の信頼を損ねる嘘**があります。嘘をつくべきではない相手につくものです。こうした嘘は、極力避けるべきでしょう。英語になおします。

---

❸ **自分の悪事を正当化したり、隠したりするためにつく嘘**

　　Black lies are used to justify and hide bad behavior. It is not the lies themselves but the motivation behind them that are bad.

---

❹ **大切な人の信頼を失う嘘**

　　Black lies can hurt the trust of someone precious. They are the lies told to those who do not deserve them.

　以上を基に、模範解答を作成します。

模 範 解 答

It is acceptable to tell white lies in some situations. This is because
❶<u>they can keep people from knowing cruel facts</u>. For example,
doctors can report a fake diagnosis to patients with terminal cancer
in some situations. They hope patients will live peacefully for the rest
of their lives. To patients who are inclined to think negatively, doctors
should not tell the truth.

Therefore, white lies can be useful depending on the situation.

(73 words)

全訳 　ある状況では、善意の嘘をつくことは受け入れられる。❶善意の嘘によって、人を残酷
な事実から遠ざけることができるからだ。例えば、状況によっては、医師は末期ガンの
患者に偽の診断を告げることがある。患者が残りの人生を穏やかに生きることを願って
いる。否定的に考えがちな患者には、医師は真実を言うべきではない。
　　したがって、善意の嘘は状況次第で役に立つことがある。

ここでチェック! ▶ 別冊 p. 12　解答の筋道と論拠

　なお、このテーマで扱った論拠は、「**末期ガンの患者に真実を伝えるべきかどうか**」
という別の頻出のテーマにも、横断的に利用することが可能です。

テーマ 27 田舎と都会どちらに住みたいか

Some people move to small rural towns or villages. Other people move to large cities. Which kind of place would you like to live in? Explain your choice using reasons and examples. (approximately 120 words)

田舎暮らしと都会暮らしは、常に対比されて、それぞれの人生観を反映する選択となってきました。一般的に、子供は田舎で育てた方が良い、若者は刺激の多い都会が良い、老後はゆったりとした田舎暮らしが良い、などと言われます。では、具体的に都会の生活の魅力から見ていきましょう。

都会の生活の魅力

なんといっても、都会の生活の魅力は**刺激に満ちている**ことでしょう。都会に住んでいれば色々な人と交流できて、職業の選択の幅も広く、最新の芸術や娯楽を楽しむことができます。ここまでを英語にします。

❶ **刺激に満ちていること**
> **Urban life filled with excitement is wonderful.** In urban life, you can interact with many people, have a wide variety of jobs, and enjoy the latest arts and entertainment.

続いて、田舎の生活の魅力を見ていきます。

田舎の生活の魅力

田舎の生活の魅力といえば、やはり**自然に囲まれている**ことでしょう。自然に囲まれて暮らすことで、リラックスして都会の喧騒(けんそう)のストレスを感じずに、豊かな感性を育むことができます。ここまでを英語にします。

❷ 自然に囲まれていること

You can live a country life surrounded by nature. It enables you to be relaxed, avoid the stress of city life, and cultivate rich emotions.

また、自然に囲まれた**田舎のきれいで新鮮な空気は、健康にも良い**ものです。療養のために田舎へ移る人もいますし、ぜんそくの発作が出なくなったなど、病状が改善した経験がある人もいるのではないでしょうか。これを英語にします。

❸ 空気が良いこと

The clean and fresh air can be good for your health. When you live in a large city, you can suffer from asthma attacks. However, you can recover from your diseases after moving to the countryside.

以上を基に、模範解答を作成します。

模 範 解 答

　Both rural and urban places are attractive, but I would like to live in a rural town. It is true that **❶urban life filled with excitement is wonderful**. I can interact with many people, have a wide variety of jobs, and enjoy the latest arts and entertainment. However, I still choose to **❷live a country life surrounded by nature**. It enables me to be relaxed, avoid the stress of city life, and cultivate rich emotions. Also, **❸the clean and fresh air can be good for your health**. When you live in a large city, you can suffer from asthma attacks. However, you can recover from your diseases after moving to the countryside.

　For these reasons, I prefer to live in a rural town rather than a large city.
(128 words)

全訳　田舎と都会はどちらも魅力的だが、田舎町に住みたいと思う。確かに、❶<u>刺激に満ちた都会での生活は素晴らしい</u>。多くの人と交流したり、様々な仕事をしたり、最新の芸術や娯楽を楽しんだりできる。しかし、それでも❷<u>自然に囲まれた田舎暮らし</u>がしたい。田舎暮らしでは、リラックスして、都会の暮らしのストレスを避けて、豊かな感性を育むことができる。また、❸<u>きれいで新鮮な空気は健康にも良い可能性がある</u>。大都市に住んでいると、ぜんそくの発作に苦しむ可能性がある。しかし田舎に引っ越すと、病気から回復する可能性がある。

これらの理由から、大都市よりも田舎町に住みたいと思う。

ここでチェック!　別冊 p. 12　解答の筋道と論拠

別冊 p. 12

問題文の全訳

　小さな田舎町や村に引っ越してそこで暮らす人もいます。大都市に引っ越してそこで暮らす人もいます。あなたはどちらの種類の場所で暮らしたいですか。理由と例をあげて説明しなさい。（120 語程度）

テーマ 28 同性婚への賛否

Read the statement below and write a paragraph giving at least two reasons why you agree or disagree with it. Write your answer in English. (approximately 100 words)

"Same-sex marriage should be made legal in Japan."

2001年にオランダで初めて公に同性婚が認められてから、現在では20を超える国で同性婚が認められてきました。世界的に同性婚を認める傾向であるにもかかわらず、日本では現在同性婚は認められておりません。議論の的となるのは、日本国憲法第24条です。

日本国憲法第24条1項
婚姻は、**両性**の合意のみに基いて成立し、夫婦が同等の権利を有することを基本として、相互の協力により、維持されなければならない。
同条2項 配偶者の選択、財産権、相続、住居の選定、離婚並びに婚姻及び家族に関するその他の事項に関しては、法律は、個人の尊厳と**両性**の本質的平等に立脚して、制定されなければならない。

この日本国憲法第24条での「**両性**」とは、男女のことを指すので、現状同性婚は日本では認められないというのが、通説のようです。もちろん、ここでの「**両性**」とは、結婚する当事者間の合意を指すのみで、何も同性婚を禁止したわけではないという説もあります。では、同性婚賛成派の意見から見ていきましょう。

同性婚賛成派の意見

まずは、同性婚を法的に認めることは、**差別の防止・人権擁護**につながると考えられます。同性婚が法的に認められれば、差別的発言が減少し、LGBT（性的少数者）の人たちの人権擁護につながります。ここまでを英語にします。

❶ 差別の防止につながる

Making same-sex marriage legal will stop discrimination and protect human rights. If we do not allow same-sex marriage legally, there will be more and more discrimination.

続いて、法的に認められることで、パートナーが先立った後の配偶者に**遺産相続が可能**になります。それ以外にも、所得税において配偶者控除が認められたり、パートナーが介護認定されたときに介護休暇などが認められたりするなどの**福利厚生が認められます**。ここまでを英語にします。

❷ 遺産相続と福利厚生が認められる

Making same-sex marriage legal can allow the partner to inherit any property. It can give the partner welfare, such as income tax advantages and care leave.

一方で、同性婚に対する反対意見を見ていきます。

同性婚反対派の意見

同性婚を法的に認めると、現代の**少子化の流れを加速させて、人口の減少につながる恐れがある**というのが、反対派の意見でよく聞かれる論拠です。ここまでを英語にします。

❸ 人口減少につながる恐れがある

Same-sex marriage can lead to a smaller population. In this aging society, we should stop a decrease in population.

続いて、**伝統的な結婚制度が破壊されてしまう恐れがある**と反対派は主張します。伝統を重んじる人たちは、男性・女性で従来結ばれてきた婚姻関係が、同性婚で壊されると批判します。ここまでを英語にします。

> **❹ 伝統的な結婚制度が破壊される**
>
> Same-sex marriage can destroy the traditional Japanese marriage. Those who value tradition criticize same-sex marriage for destroying the traditional Japanese male-female marriage system.

以上を基に、模範解答を作成します。

模 範 解 答

I agree with this idea. Some people say ❹same-sex marriage can destroy the traditional marriage system in Japan. However, protecting human rights is more important than preserving tradition. I support this idea for the following reasons.

First, ❶making same-sex marriage legal in Japan will stop discrimination and protect human rights. If we do not allow same-sex marriage legally, there will be more and more discrimination.

Second, ❷this idea can allow the partner to inherit any property. It can give the partner welfare, such as income tax advantages and care leave.

For these reasons, I agree that same-sex marriage should be legal in Japan.

(103 words)

全訳 　私はこの考えに同意する。一部の人は❹同性婚が日本の伝統的な結婚制度を壊してしまうと言う。しかし、人権擁護は伝統を維持することより重要だ。以下の理由で、私は同性婚を支持する。

第一に、❶日本で同性婚を合法化することで、差別を止めて人権を擁護できる。もし同性婚を法的に認めなければ、ますます差別が増えてしまうだろう。

第二に、❷同性婚を認めると、そのパートナーが遺産を相続できる。同性婚の合法化で、そのパートナーに、所得控除や介護休暇のような福利厚生が認められる。

これらの理由から、同性婚が日本で合法化されるべきだという考えに同意する。

ここでチェック! 別冊 p. 13　解答の筋道と論拠

問題文の全訳

　下記の意見を読んで、賛成か反対を少なくとも 2 つ理由を述べて文章を書きなさい。100 語程度の英語で書きなさい。

　「同性婚は日本で合法化されるべきだ」

テーマ 29 砂糖税への賛否

In recent years, many local and national governments have considered imposing a tax on sugary drinks (Coca-Cola, Pepsi, etc.), because such drinks are thought to be a major contributor to health problems such as being significantly overweight. Would you support or oppose a tax on sugary drinks? Write a paragraph in ENGLISH, providing specific reasons and examples to support your opinion. (100〜150 words)

★

「砂糖税」sugar tax と言われても、あまりピンと来ないかもしれません。しかし、欧米諸国ではソーダ税とも呼ばれて複数の国で導入されており、コーラや炭酸飲料などの砂糖を多く含む飲み物に適用される税金のことを指します。世界中で肥満が大きな社会問題になっており、それを抑えるために、砂糖税の導入が推奨されているのです。

似たような税金で、酒税やタバコ税がありますが、砂糖税を含めたこれら3つの税金に共通するものは何でしょうか。 砂糖・酒・タバコ共に**依存症**になる可能性（**便利な横断表現①**参照）があります。同時に、たくさん摂取するといずれも**健康を害する**ものです。課税の狙いは、いずれも**肥満などの健康リスクを低減させること**です。世界保健機関（WHO）が2016年に糖分入りの飲料への課税の導入を呼びかけて以来、砂糖税はメキシコ・アメリカの一部の州・インド・タイ・フィリピン・フランス・イギリスなど20カ国以上で導入されています。では、導入のメリットから見ていきましょう。

❝ 砂糖税導入のメリット

やはり、**国民の健康を改善できること**でしょう。肥満の1つの要因として、砂糖が大量に入った飲食物の摂取があげられます。砂糖税が導入されたら、そのような飲み物をそんなに多くは摂取しなくなり、人々の健康は改善されるでしょう。ここまでを英語にします。

❶ 健康の改善

A sugar tax can improve people's health. People get fat because they eat or drink products which contain so much sugar. If a sugar tax were introduced, they would not eat or drink such products so much. This would enable people to improve their health.

　続いて、砂糖入りの飲料で健康が損なわれるとともに、**国の医療費がさらに増大して**しまいます。日本のような高齢社会では、医療費の高騰に苦しむところも多いようです。砂糖税の導入で、**これらの飲料の摂取を控えて健康が改善されて、結果として国の医療費を少なくすること**が期待できます。ここまでを英語にします。

❷ 医療費の高騰に苦しむ国への助け

A sugar tax can help countries which suffer from high medical expenses. Some countries suffer from an increase in medical expenses. A sugar tax can improve people's health, and so stop the rising medical costs.

　ここまで見ると、良いことづくめの砂糖税ですが、砂糖税導入のデメリットもあります。常に物事を功罪という観点で、プラスとマイナスを探るという姿勢を大切にしてください。

砂糖税導入のデメリット

　コーラやソーダなどの炭酸飲料のみならず、砂糖はスポーツドリンクなどの多くの清涼飲料水に使用されています。これらの値段が上がれば、**飲料業界の消費が落ち込んでしまいます。**これはコンビニやスーパー、そして喫茶店などの**砂糖入り飲料やお菓子を提供するお店で働く人たちの生活をも脅かす**ことになりかねません。ここまでを英語にします。

❸ 消費減退に苦しむ

A sugar tax would cause people working in the food and beverage industries to suffer as a result of consumer recession. There are many people involved in the food and beverage industries. A sugar tax could make people spend less money on food and beverages than ever before. Those who work for such industries would suffer from a decline in consumption.

ここまでを基に、模範解答を作成します。

模 範 解 答

I support a tax on sugary drinks. It is true that ❸a sugar tax would cause people working in the food and beverage industries to suffer as a result of consumer recession. However, there are more advantages to this tax than disadvantages.

First, ❶a sugar tax can improve people's health. People get fat because they eat or drink products which contain so much sugar. If such a tax were introduced, they would not eat or drink such products so much. This would enable people to improve their health.

Second, ❷a sugar tax can help countries which suffer from high medical expenses. Some countries suffer from an increase in medical expenses. A sugar tax can improve people's health, and so stop the rising medical costs.

For these reasons, I agree with the idea of introducing a sugar tax.

(137 words)

全訳　私は砂糖税に賛同する。確かに、❸砂糖税のせいで、飲食業に従事する人々が消費の減退に苦しむことになるだろう。しかし、砂糖税にはマイナスよりも多くのプラスがある。

　第一に、❶砂糖税は人々の健康を改善できる。人が太るのは、大量の砂糖を含んでいるものを飲み食いするからだ。もしそのような税金が導入されるなら、砂糖入りの飲食物を控えるだろう。このおかげで、人々の健康を改善できるだろう。

　第二に、❷砂糖税のおかげで、高い医療費に苦しむ国を救えるだろう。中には医療費の増大に苦しんでいる国もある。砂糖税で人々の健康が改善されたら、医療費の高騰を止めることができる。

　これらの理由から、砂糖税の導入に賛成する。

ここでチェック!　別冊 p. 13　解答の筋道と論拠

問題文の全訳

　近年、多くの地方自治体や中央政府は、コカ・コーラやペプシコーラのような砂糖入り飲料に課税することを検討している。その理由は、そのような飲み物が過度な肥満などの健康問題に大きく関与していると考えられているからだ。砂糖入り飲料への課税に賛成か、反対か。自分の意見をサポートするための具体的な理由や例をあげて、100〜150 語の英語で書きなさい。

テーマ 30 日本人の幸福感が低い原因とその対策

Read the following and write an essay in English in about 150 words.

A recent study has suggested that Japanese people are less happy than the citizens of other developed countries. Write about (1) the possible causes of unhappiness in Japan, and (2) two or three specific measures you would take to increase both your own happiness and the happiness of society in Japan.

　比較的最近の出題でよく見かけるテーマです。元々アメリカでは、よく話題にされていましたが、近年の日本でもこのような**幸福論**はよくテーマになります。先進国の多くが通る道なのでしょうか。高度経済成長が収束して、もはや物質的な価値の増加が見込めなくなった昨今、従来とは異なる視点から幸福という概念を見つめ直す必要が生じたからかもしれません。では、問題文の指示にあるように、**日本人が自らを不幸だと感じる要因**から見ていきます。

不幸感の要因

　やはり、**経済に対する不安**が大きいでしょう。なかなか好景気を実感できる人が少ないのが現状のようです。給料が上がらないと言う人もいます。老後に 2,000 万円必要だとか AI（人工知能）に仕事が取って代わられるなどと不安をあおる声も聞こえてきます。ここまでを英語にします。

❶ 経済に不安を覚える

> **Many people feel anxious about the Japanese economy.** Some people say that their salaries are not increasing. It is often said that you need twenty million yen after retirement and that artificial intelligence will replace people's work.

幸福感を高める方法

　続いて、自分自身の幸福感と日本社会全体の幸福感を高める方法を見ていきます。まずは、自分自身が幸福感を高めるにはどうしたら良いでしょうか。高度経済成長がストップした以上、物質的な価値を追求することだけではなく、**精神的な価値を追求する視点を持つことも大事**になってきたと言えるでしょう。従来のお金・家・車などの目に見えるものよりも、愛情・友情・自尊心などの目に見えないものの価値を大切にすることが、今の時代の幸福感にマッチするでしょう。ここまでを英語にします。

❷ **目に見えないものを大切にする**

> You should value what you cannot see. In the past, Japan experienced rapid economic growth. They valued what they could see, such as money, houses, and cars. However, the period of high economic growth has stopped. In this age, you should value what you cannot see, such as love, friendship, and self-esteem. This will lead to your happiness.

　続いて、**社会全体が幸福感を高めるために何をすべき**でしょうか。資本主義社会がぶつかっている最大の壁とは、**格差社会**でしょう。いわゆる格差社会の下にいる人たちは、不幸を感じる最たる人かもしれません。そして、格差社会の上にいる人たちが格差を容認して放置することは、犯罪を増大させて社会不安を放置することにつながります。**格差社会を解消すること**こそ、社会全体が幸福感に包まれる方法の１つと言えるでしょう。ここまでを英語にします。

❸ **格差社会を解消する**

> Japanese society should reduce the gap between the rich and the poor. It should promote welfare toward the poor and the weak. This will reduce crime and social insecurity. In such a world, both people and society would feel happier. Narrowing the gap would make the society happier.

以上を基に、模範解答を作成します。

模 範 解 答

❶<u>Many people feel anxious about the Japanese economy</u>. There are some reasons for this. Some people say that their salaries are not increasing. It is often said that you need twenty million yen after retirement and that artificial intelligence will replace people's work.

In such a society, ❷<u>you should value what you cannot see</u>. In the past, Japan experienced rapid economic growth. They valued what they could see, such as money, houses, and cars. However, the period of high economic growth has stopped. In this age, you should value what you cannot see, such as love, friendship, and self-esteem. This will lead to your happiness.

In addition, ❸<u>Japanese society should reduce the gap between the rich and the poor</u>. It should promote welfare toward the poor and the weak. This will reduce crime and social insecurity. In such a world, both people and society would feel happier. Narrowing the gap would make the society happier.

(155 words)

全訳　(1)❶<u>多くの人が日本経済について不安を感じている</u>。これにはいくつかの理由がある。給料が上がらないと言う人もいる。老後に 2,000 万円必要だとか、人工知能に仕事が取って代わられるとよく言われている。

(2)そうした社会では、❷<u>目に見えないものを重視すべきだ</u>。その昔、日本は高度経済成長を経験した。人々は、お金・家・車のような目に見えるものを重視した。しかし、高度経済成長の時期はストップした。この時代では、愛情・友情・自尊心のような目に見えないものを重視すべきだ。このことが幸せにつながるだろう。

さらに、❸<u>日本社会は貧富の差を減らすべきだ</u>。貧しい人や弱い人への援助を促すべきだ。これは犯罪や社会不安を減少させる。そのような世界では、人も社会も幸せを感じることだろう。この格差を減らすことで、社会も幸せになるだろう。

ここでチェック! 別冊 p. 14　解答の筋道と論拠

問題文の全訳

　次の文章を読んで、150 語程度の英語で自分の意見を書きなさい。

　最近の研究によると、日本人は他の先進諸国の人々より幸せではないと示されている。(1)日本を包む不幸感に対して考えられる要因と、(2)自分と日本社会の両方の幸福感を増やすために取れる具体的な手段を 2 つか 3 つ書きなさい。

31 大学の9月入学への賛否

テーマ

日本の大学は9月から始まるべきだという案に対して、100語程度の英語で論じなさい。

東京大学が、国際化の流れの一環として、学生の入学時期を4月から9月に移行する「秋入学」を検討していることが報道されたことで、一斉に話題となったことがありました。欧米の大学のほとんどが、秋入学・夏卒業としていることが主な理由です。では、大学の9月入学のメリットから見ていきましょう。

大学の9月入学のメリット

欧米の大学の入学時期と合わせることで、海外の優秀な留学生を集めて、大学の国際化を図れることが最大のメリットでしょう。ここまでを英語にします。

❶ 9月入学を認めることで海外の優秀な学生を集めることができる

Japanese universities can attract bright students from abroad through September admissions. With the same enrollment period as in the US and Europe, Japanese universities can make themselves more internationalized.

続いて、大学合格から入学まで一定のモラトリアム期間（いわゆるギャップイヤー）を取ることで、ボランティアや留学・インターンなどの幅広い体験ができることがあげられます。ここまでを英語にします。

❷ 多様な経験ができる

Students can have various experiences during this period. They can do volunteer work, study abroad, and experience internships during their gap year.

続いて、大学の9月入学のデメリットを見ていきます。

大学の 9 月入学のデメリット

　一般的な大学生の就職活動時期とずれるので、就職面で不利になることがあげられる
でしょう。通常、大学生が日本の企業への就職活動を行っている時期は、3 月から 9 月
頃で、7 月頃に卒業すると、不利になる可能性があります。英語になおします。

❸ **一般的な就職活動の時期とずれるので、不利になる可能性がある**

　September admissions will put university students at a disadvantage.
They cannot do job-hunting in conventional periods.

　続いて、大学の 9 月入学により生まれる**ギャップイヤーが、かえって無駄な時間を生
んでしまう可能性がある**というデメリットです。一部の学生はその時間をゲームをした
り、友人と遊んだりするのに使ってしまうでしょう。英語になおします。

❹ **ギャップイヤーが、かえって無駄な時間を生んでしまう可能性がある**

　Some students can waste their gap year. They will spend their gap year
on playing games, and enjoying themselves with friends.

　ここまでを基に、模範解答を作成していきます。

模 範 解 答

I agree with this idea. Some people say that ❹some students will waste their gap year and spend it on playing games, and enjoying themselves with friends. However, others can make good use of their gap year. There are more advantages to autumn admissions than disadvantages.

First, ❷students can have various experiences during this period. They can do volunteer work, study abroad, and experience internships.

Second, ❶Japanese universities can attract bright students from abroad through September admissions. With the same enrollment period as in the US and Europe, they can make themselves more internationalized.

For these reasons, I believe Japanese universities should introduce autumn enrollment. (105 words)

全訳 私はこの考えに同意する。❹中にはギャップイヤーを無駄に過ごし、ゲームをしたり、友人と遊んだりするのに使ってしまう学生もいると言う人もいる。しかし、ギャップイヤーをうまく利用できる学生もいるだろう。9月入学には、マイナス面よりも多くのプラス面がある。

　第一に、❷彼らはその期間に様々な経験ができる。ボランティアや留学、インターンなどを経験することができるだろう。

　第二に、❶9月入学によって、日本の大学は海外から優秀な学生を集めることができる。アメリカやヨーロッパと同じ入学時期にすることで、より国際化された大学になることができる。

　これらの理由から、日本の大学は9月入学を導入すべきだと思う。

ここでチェック！ 別冊 p. 14　解答の筋道と論拠

32 アルバイト禁止への賛否

In Japan, some high schools prohibit students from having part-time jobs, even though they are legally allowed to work. Do you agree with such a school policy or not? Write a paragraph explaining your opinion. Give one or more reasons to support your answer. (approximately 150 words)

　アルバイトと言えば、一般的には高校生のときは飲食店でのホール係や新聞配達、大学生になったら塾講師や家庭教師をするなどといったイメージがあるでしょう。アルバイトでできるようになることは、自分で稼いだお金で欲しいものを買うことができることです。まず、アルバイトのメリットから見ていきましょう。

アルバイトのメリット

　まずは、**自分で稼いだお金を好きなように使える**というメリットがあります。そのお金で、好きな洋服を買ったり、友達と旅行に行ったりすることができます。働くことで自分の欲しいものを手にすることを経験できます。ここまでを英語にします。

> **❶ 自分で稼いだお金を好きなように使える**
>
> You can use money freely by making money through part-time jobs. You can buy your favorite clothes, travel with your friends, and buy what you want. You can learn to get what you want by making money through your job.

　続いて、**アルバイトによって、親からの自立への一歩を踏み出すきっかけをつかむことができます。**アルバイトを通じて、働くことの大変さを学びます。アルバイトで、自分で生計を立てることの大切さを学べます。ここまでを英語にします。

❷ アルバイトで親からの自立の最初の一歩を踏み出す

Part-time jobs can give you a first step toward gaining independence from your parents. You can learn through part-time jobs how hard it is to work. You can learn the importance of making your living through your job.

一方で、アルバイトにもデメリットはあります。

アルバイトのデメリット

アルバイトに夢中になることで、**学業がおろそかになる可能性があります。**学生の本分は学業です。家計を助けるために働く必要がないなら、働くのは、大学を卒業してからで十分だと言う人もいます。ここまでを英語にします。

❸ アルバイトをすることで、学業がおろそかになる

Having a part-time job might cause you to study less. You should put emphasis on your study when you are a student. Some people say it is unnecessary to work before you graduate from university.

以上を基に、模範解答を作成します。

模 範 解 答

I disagree with such a school policy. It is true that **❸having a part-time job might cause you to study less**. However, you can control how long you work at a part-time job. There are more advantages to part-time jobs than disadvantages.

First, **❶you can use money freely by making money through part-time jobs**. You can buy your favorite clothes, travel with your friends, and buy what you want. You can learn to get what you want by making money through your job.

Second, ❷<u>part-time jobs can give you a first step toward gaining independence from your parents</u>. You can learn through part-time jobs how hard it is to work. You can learn the importance of making your living through your job.

For these reasons, I disagree with this policy. You can learn many important things through part-time jobs.　　　　　　　　　(139 words)

全訳　　私はそのような校則には反対だ。確かに、❸<u>アルバイトをすることで、勉強時間は減るかもしれない</u>。しかし、アルバイトの時間をコントロールすればよい。アルバイトにはマイナス面よりも多くのプラス面がある。

　第一に、❶<u>アルバイトで稼ぐことで、お金を自由に使える</u>。お気に入りの服を買えたり、友人と旅行したり、欲しいものを買ったりすることができる。仕事でお金を稼いで、欲しいものを買えるようになる。

　第二に、❷<u>アルバイトによって、親からの自立への最初の一歩を踏み出すことができる</u>。アルバイトを通じて、お金を稼ぐ大変さを知ることができる。自分の仕事で生計を立てる重要さを学ぶことができる。

　これらの理由から、この校則には反対だ。アルバイトを通じて、多くの重要なことを学ぶことができる。

ここでチェック!　別冊 p. 14　解答の筋道と論拠

問題文の全訳

　日本では、働くことを法律で認められていても、生徒がアルバイトをするのを禁止している高校がある。そのような校則に賛成か反対か。自分の意見を書きなさい。意見を支持する1つかそれ以上の理由を述べなさい。（150 語程度）

テーマ

33 いじめを止める方法

次の問いに100語程度の<u>英語で</u>答えなさい。

Bullying is a serious problem in Japanese schools. What two things can students or teachers do to help stop bullying in schools? Explain your answer.

いじめ問題は、およそ集団が存在する場所ならどこにでも、多かれ少なかれ発生してしまうものです。ひどいものになると、人を死に追い込む可能性のある恐ろしいものです。まずは、集団を作るとどこにおいてもいじめが発生する可能性がある人間の習性と、人を死にまで追い込むいじめの恐ろしさを理解して、その解決策をはかっていきましょう。

 ## いじめの問題

前述した通り、**いじめは人を死に追い込む可能性もあるものです**。絶対にいじめを起こしてはいけません。教師がいじめの恐ろしさを認識する必要があります。ここまでを英語にします。

> **❶ いじめは人を死に追いやる可能性がある**
> **Bullying could cause people to kill themselves.** You must not let bullying happen. Teachers have to recognize how terrible bullying is.

続いて、いじめを<u>止める</u>にはどうしたら良いのでしょうか。

いじめを止める方法

　まずは、**生徒たちがいじめをなくすためにできることを考えます。**いじめに関係ない第三者であってもいじめを見過ごすことなく、勇気を出して止める必要があります。ましてや 1 人の人間を集団でいじめるようなことはあってはならないのです。ここまでを英語にします。

---

❷ **生徒が自発的にいじめを止める**

　　Students should help prevent bullying. Those who witness bullying should not overlook it, but instead stop it. If they do not try to stop it, they are as bad as those involved.

　次に、大人である教師がいじめをなくすためにできることを考えます。生徒の自主性に委ねるだけでは当然限界があります。**大人である教師がいじめを止めなければいけません。**普段から生徒にいじめの危険性を伝えます。個々にヒアリングして、常にクラス内でいじめが起きていないかを探ります。ここまでを英語にします。

---

❸ **教師がいじめを止める**

　　Teachers must stop bullying because students cannot always stop it on their own. Teachers should tell their students about the dangers of bullying. They should listen to individuals and be careful of whether there is bullying in their classroom or not.

　以上を基に、模範解答を作成します。

模 範 解 答

❶Bullying could cause people to kill themselves. You must not let bullying happen. There are some ways to stop bullying.

First, **❷students should help prevent bullying**. Those who witness bullying should not overlook it, but instead stop it. If they do not try to stop it, they are as bad as those involved.

Second, **❸teachers must stop bullying** because students cannot always stop it on their own. Teachers should tell their students about the dangers of bullying. They should listen to individuals and be careful of whether there is bullying in their classroom or not.

(95 words)

全訳　❶いじめのせいで人が自殺することがある。いじめを起こしてはいけない。いじめを止める方法がいくつかある。

　　第一に、❷生徒自身がいじめを防ぐべきだ。いじめを見た人は、いじめを見過ごすことなく、止めるべきだ。見て見ぬふりをするのはいじめることと同じだ。

　　第二に、生徒が必ずしもいじめを止められるわけではないので、❸教師がいじめを止めなければいけない。教師は生徒にいじめの危険性を伝えるべきだ。教師が1人1人の声に耳を傾けて、教室でいじめがあるかないかに注意すべきだ。

ここでチェック！ 別冊 p. 15　解答の筋道と論拠

問題文の全訳

　いじめは日本の学校で深刻な問題だ。生徒や教師が、学校でのいじめを止める手助けとなるのに可能な2つのことをあげなさい。自分の答えを説明しなさい。

34 喫煙の全面禁止への賛否

テーマ

Read the statement below and write a paragraph giving at least two reasons why you agree or disagree with it. Write your answer in approximately 120 English words.

"Smoking should be made illegal in Japan."

近年タバコの害は日本でも共通認識となり、多くの飲食店で**完全禁煙**が導入されています。肺ガンを中心として各種の病気との因果関係が様々な実験から証明されています。さらに、**タバコの広告も年々規制が厳しく**なっています。例えば、**TV** やラジオでの **CM** が全面禁止されたり、タバコの箱の前面・背面に健康被害を警告する表示が義務付けられたりしています。2020 年 4 月には、受動喫煙の防止を目指して「改正健康増進法」が全面施行されました。

そういった背景で、タバコがそこまで有害なものなら、そもそも**違法にすべきでは**という意見が存在するとします。はたして、この**極端な法令**をどうとらえるべきでしょうか。

❝ タバコを違法にするメリット

やはり、**人々の健康を改善できる**ことがあげられるでしょう。**喫煙とガンに代表される病気との因果関係は明らか**で、タバコを禁止することで健康寿命も延びて、医療費の増大も止めることができます。ここまでを英語にします。

> ❶ 健康の改善
>
> **This law would improve people's health.** It would enable people to live a longer life, and prevent an increase in medical expenses in Japan.

喫煙を禁止すれば受動喫煙も減るメリットがある一方で、タバコを違法にまでしてしまうと、デメリットも存在します。

タバコを違法にするデメリット

まずは、経済面に対するマイナスがあげられるでしょう。具体的には、**タバコ税による税収がなくなること**です。酒税と同様に、タバコ税は国や地方自治体の貴重な財源となっています。ここまでを英語にします。

❷ 税収不足

This law would cause a loss in tobacco tax revenue. Japan makes a large profit from tobacco tax. The tax is an important revenue in Japan.

次のデメリットは、**29** の砂糖税のテーマで取り上げたデメリット（消費減退）の論拠**❸**を利用しましょう。**29** では、砂糖税を導入することで、飲料業界の消費が減退して、従業員の生活を苦しませることになると論じました。この論拠を、喫煙の全面禁止に応用します。

❸ 消費減退に苦しむ

This law would cause people working in the tobacco industry to suffer from consumer recession. There are many people involved in the tobacco industry. The law would prevent people from spending money on tobacco. Those who work in the tobacco industry would suffer from lack of consumption.

このように、**何かを禁止すると関係者が消費減退に苦しむ**という表現は、砂糖税導入や喫煙の禁止をはじめ複数のテーマに応用して利用できるので、⟩**便利な横断表現**⟩として覚えておきましょう。

⊹ 便利な横断表現 ⑪ 消費減退に苦しむ

This law would cause **people working in the tobacco industry** to suffer from consumer recession. There are many people involved in this industry.

以上を基に、模範解答を作成します。

模 範 解 答

I disagree with this opinion. Of course, ❶this law would improve people's health. It would enable people to live a longer life, and prevent an increase in medical expenses in Japan. However, there are more disadvantages to this law than advantages.

First, ❷this law would cause a loss in tobacco tax revenue. Japan makes a large profit from tobacco tax. The tax is an important revenue in Japan.

Second, ❸this law would cause people working in the tobacco industry to suffer from consumer recession. There are many people involved in the tobacco industry. Those who work in this industry would suffer from lack of consumption.

For these reasons, I disagree that smoking should be made illegal in Japan.

(118 words)

全訳　私はこの意見に反対だ。もちろん、❶この法律は人の健康を改善するだろう。そのおかげで、長生きができて、日本の医療費の高騰を止めることができるだろう。しかし、この法律にはプラスよりもマイナスの方が多い。

　第一に、❷この法律はタバコ税の収入を失うことになるだろう。日本はタバコ税から大きな利益を得ている。この税金は、日本の重要な税収だ。

　第二に、❸この法律のせいで、タバコ産業で働く人が、消費の減退に苦しむだろう。タバコ産業に従事している多くの人がいる。この業界で働く人は、消費不足に苦しむだろう。

　これらの理由から、喫煙が日本で違法になるべきだという意見に反対だ。

ここでチェック!　別冊 p. 15　解答の筋道と論拠

問題文の全訳

　下記の意見を読んで、賛成か反対かを少なくとも 2 つの理由を述べて文章を書きなさい。120 語程度の英語で書きなさい。

　「喫煙は日本で違法にすべきだ」

35 ボクシングはオリンピックの種目であるべきか

テーマ

Although boxing has a history of over a hundred years as an Olympic sport, some people argue that boxing and other sports based on physical violence should have no place in the Olympics. Do you agree with this statement? Write a paragraph giving one or more convincing reasons to support your position. (approximately 100 words)

　実はこのボクシング論争は古くからあり、かつ世界中で問題となっている1つのテーマです。この論争において決定的な問題は、やはり、人の生死に関わる競技をスポーツとして、かつオリンピックの正式種目にしていいのかという議論です。では、ボクシングの功罪の罪の部分、つまりマイナス面から見ていきましょう。

❝ボクシングのマイナス面

　まずは、グローブをつけているとはいえ、相手の顔面やお腹を殴打（おうだ）するものをスポーツとして認めていいのかという**道徳的な問題**があります。ここまでを英語にします。

❶ 道徳的に問題

Generally, boxing is recognized as a sport. However, the objective of boxing is to knock down opponents. It is morally inappropriate.

　続いて、冒頭で説明した通り、実際にボクシングで試合中や試合後に命を落とす人や、大きな障害を抱える人もいるので、**健康面での問題**もあります。ここまでを英語にします。

❷ 顔のケガ、脳の損傷、骨折をしたり、命を落とすこともある

Boxers may suffer from facial injuries, brain damage, and broken bones. They could also die during or after the match.

続いて、ボクシングの功の部分、すなわちプラスの側面を見ていきましょう。

ボクシングのプラス面

まず、**スラム脱出論**という意見があります。特に海外では、実際にスラム街の貧困生活から、ボクシングで名をあげることで脱出したというアメリカン・ドリームを体現した選手がいます。ここまでを英語にします。

❸ スラム脱出論

> One of the legitimate ways to get out of life in the slums is boxing.
> Some boxers from such areas have become world champions.

続いて、個人の自由を尊重する**自由主義**の観点からの意見があります。特にアメリカは、奴隷制度やイギリスによる支配を脱却することで、国として栄えてアイデンティティーを確立できたことからも、**当事者が同意の上でそういった危険を受け入れているのなら、決して禁止してはならないという思想**が根底にあるのです。ここまでを英語にします。

❹ 自由主義論

> If we voluntarily decide to box despite knowledge of the risks, we
> should be allowed to do so. Otherwise, our freedom of choice and welfare
> would be limited unfairly.

以上を基に、模範解答を作成します。立場としては、健康上のリスクが大きいからという理由で、**ボクシングや身体に暴力を加えることに基づいた他のスポーツには反対の立場**を取ります。

模 範 解 答

I agree with this statement. Of course, some people will disagree with this opinion based on liberalism. **❹If we voluntarily decide to box despite knowledge of the risks, we should be allowed to do so**. Otherwise, our freedom of choice and welfare would be limited unfairly. However, we have to stop anything that threatens our life.

In addition, **❷boxers may suffer from facial injuries, brain damage, and broken bones**. They could also die during or after the match.

Also, **❶the objective of boxing is to knock down opponents. It is morally inappropriate**.

For these reasons, boxing and other sports based on physical violence should have no place in the Olympics.　(110 words)

全訳　私はこの意見に同意する。もちろん、自由主義論に基づいて、この意見に反対する者もいる。**❹もし私たちがリスクを知っていながら、自らボクシングをすることを決めたならば、それが許されるべきだ。**さもなければ、私たちの選択の自由と幸福が不当に制限されることになる。しかし、命を脅かすようなものはどんなものでも止めなければいけない。

　さらに、**❷ボクサーは、顔のケガ、脳の損傷、骨折などに苦しむかもしれない。**試合中や試合後に亡くなる可能性もある。

　また、**❶ボクシングの目的は、相手を倒すことだ。それは道徳的に問題がある。**

　これらの理由から、ボクシングや身体に暴力を加えることに基づいた他のスポーツは、オリンピックの種目であるべきではない。

ここでチェック！ 別冊 p. 16　解答の筋道と論拠

問題文の全訳

　ボクシングにはオリンピックのスポーツとして、100 年を超える歴史があるが、ボクシングや身体への暴力を前提とする他のスポーツは、オリンピックの種目であるべきではないと主張する人もいる。あなたはこの意見に賛成か。自分の考えを支持する説得力のある理由を 1 つ以上あげて文章を書きなさい。(100 語程度)

36 臓器売買への賛否

テーマ

"It is acceptable for people to sell and buy *kidneys."

Do you agree with this statement? Write a paragraph giving one or more convincing reasons to support your position. (approximately 120 words)

*kidney　腎臓

臓器売買事件

　慢性腎不全の男性が、生体腎移植を受けるために 800 万円を暴力団に支払い、紹介された臓器の提供者と養子縁組して腎臓を移植させたとして、関係者が逮捕された事件がありました。**日本では臓器移植法で臓器の売買が禁止**されており、生前にドナー登録をして脳死した人の臓器か、生きている人が患者に臓器を提供する場合は、**提供者が原則として親族**（6 親等内の血族と配偶者及び 3 親等内の姻族）**に限定されている**ことから起きた事件でした。

なぜ臓器の売買が禁止されているか

　もしも臓器の売買が認められると、**命の危険を伴いかねない不法な手術により臓器が摘出され、売買が行われる可能性がある**ことが、臓器の売買が禁止されている理由の 1 つとしてあげられるでしょう。そして、現状では臓器の需要が供給をはるかに上回るために、その**不法な臓器提供の仲介者が、不当に莫大な利益を手にする弊害**が懸念されています。ここまでを英語にします。

❶ **不法な手術が行われて、命を落とすリスクがあるから**
> **Selling and buying kidneys might cause illegal operations, and run a risk of taking away people's lives.** The brokers who sell and buy kidneys could make a large profit illegally.

そして、**身体の一部である臓器を、金銭で売買するのは倫理観に反する**という意見が
あります。ここまでを英語にします。

❷ 倫理観違反

It is unethical to sell and buy kidneys. Kidneys are a part of our body, and
so they should not be sold and bought.

一方で、**臓器売買を合法にすべきだ**という意見も、一部の医師や経済学者などにより、
主張されています。その論拠を見ていきましょう。

臓器売買合法化論の論拠

ここでも登場するのが、**自由主義の観点**です。**35 のボクシングはオリンピックの種
目であるべきか**で用いた論拠❹を利用します。**臓器は自分のものだから、その売買は自
分の自由にできるはずだ。**そうでなければ、私たちの選択の自由や幸福が不当に制限さ
れてしまうだろう、ということを英語にします。

❸ 自由主義論

If we voluntarily decide to sell and buy kidneys despite knowledge
of the risks, we should be allowed to do so. Otherwise, our freedom of
choice and welfare would be limited unfairly.

この自由主義論は、ボクシングの功罪・臓器売買・安楽死・銃規制などの多岐にわた
るテーマで使用できるので、〉·¦·便利な横断表現〉として必ず覚えましょう。

·¦· 便利な横断表現 ⑫〉 自由主義論

If we voluntarily decide to sell and buy kidneys despite knowledge of the
risks, we should be allowed to do so. Otherwise, our freedom of choice and
welfare would be limited unfairly.

続いて、臓器不足が深刻な地域が多く、それにより多くの命が失われている現状があります。**臓器売買が認められたら、多くの命を救える可能性があります。**また、悪徳な仲介業者を取り締まるには、公的な規制の下で臓器売買を認めればいいという意見があります。ここまでを英語にします。

---

❹ 臓器売買が認められたら、多くの命を救える可能性がある

> If kidneys were sold and bought legally, it could save a lot of people's lives. To stop unethical brokers, it should be acceptable to sell and buy kidneys under public regulation.

以上を基に、模範解答を作成します。

模 範 解 答

I disagree with this statement. True, **❸if we voluntarily decide to sell and buy kidneys despite knowledge of the risks, we should be allowed to do so**. Otherwise, our freedom of choice and welfare would be limited unfairly. However, there are more disadvantages to this than advantages.

First, **❶selling and buying kidneys might cause illegal operations, and run a risk of taking away people's lives**. The brokers who sell and buy kidneys could make a large profit illegally.

Second, **❷it is unethical to sell and buy kidneys**. They are a part of our body, and so they should not be sold and bought.

For these reasons, I am against this statement.　　　　(111 words)

全訳 私はこの意見に反対だ。確かに、^❸<u>もし私たちがリスクを知っていながら、自ら臓器売買を決めたのなら、それは許されるべきだ</u>。さもなければ、選択の自由と幸福が不当に制限されてしまう可能性がある。しかし、臓器売買にはプラス面よりマイナス面の方が多い。

　第一に、^❶<u>臓器売買は違法手術を生むもととなり、人の命を奪うリスクがある</u>。臓器売買の仲介人が、不法に多額の利益を手にする可能性がある。

　第二に、^❷<u>臓器売買は人の倫理観に反する</u>。臓器は人間の体の一部であり、売買の対象となるべきではない。

　これらの理由から、私はこの意見に反対だ。

ここでチェック！ 別冊 p.16　解答の筋道と論拠

問題文の全訳

　「臓器の売買が認められる」

　あなたはこの意見に賛成ですか。自分の考えを支持する説得力のある理由を 1 つ以上あげて文章を書きなさい。(120 語程度)

テーマ 37 安楽死への賛否

"The government should create a law allowing *euthanasia."
Do you agree with this statement? Write a paragraph giving one or
more convincing reasons to support your position. (less than 100 words)
*euthanasia　安楽死

" 安楽死と尊厳死の違い

　「安楽死（**euthanasia**）」とは、**本人の希望に沿って医師が薬物を投与するなどして、故意に死に至らしめる**ことです。「安楽死」と似て非なるものとして、「**尊厳死**」があり、**過剰な延命治療を行わずに、自然な死を受け入れる**ことを言います。すなわち、**安楽死が積極的な死の選択で、尊厳死が消極的な死の選択**になります。

　現状日本では、「安楽死」は認められておらず、医師が上記の行為に及ぶと、自殺幇助の罪に問われて、犯罪者となってしまいます。一方で、「**尊厳死」は日本では法律がなく、議論も十分に進んでいません**が、本人の同意のもとで、事実上認められている国もあります。では、世界では「安楽死」はどういう扱いを受けているのかを見ていきましょう。

" オランダでは「安楽死」を法制化

　様々な問題点があることから、世界的にも「安楽死」を法制化した国は少数で、その代表例がオランダになります。**患者本人の意思であること、安楽死以外では改善しがたい苦しみに継続してさいなまれていること、担当医師以外のセカンドオピニオンが存在する**ことなどを条件として、「安楽死」を法制化しているようです。では、「安楽死」の功罪を、改めて見ていきましょう。

「安楽死」肯定派の意見

ここでも登場するのが、やはり**自由主義の観点**です。自分の生死を自分で決めたいという自己決定を重視することが、「安楽死」肯定派の意見としてあげられます。西洋諸国では、自由主義に根づいた自己決定がとても重要視されています。ここまでを英語にします。

❶ 自由主義論

> Some people think that they should decide whether they live or not. In European countries, it is very important to make one's own decision based on liberalism.

続けて、そもそも「安楽死」が取り上げられることになった原因の１つが、**過剰な延命治療**にあります。患者自身の意思に関係なく、意識がないまま管と点滴につながれて延々と生き延びることで、結果的に余計に苦しむケースもあります。ここまでを英語にします。

❷ 患者を苦しませずに済む

> Allowing euthanasia could stop patients from suffering for a long time. Too much life-prolonging treatment might cause patients to suffer from so much pain. Euthanasia might save patients as a result.

次に、「安楽死」否定派の意見を見ていきます。

「安楽死」否定派の意見

「安楽死」を法的に認めてしまうと、**周囲からの迷惑だという圧力に屈して、本人の意思に反して死を選んでしまうリスク**があります。患者本人が自由に意思決定できることを妨げてしまう可能性があります。ここまでを英語にします。

❸ **周囲の圧力に屈して、死を選んでしまう可能性がある**

> If euthanasia were allowed, some patients might choose to die not at their own will but due to the surrounding pressure.

　もう１つの否定派の意見は、**人の生死を人為的に操作することは、倫理観に反する**というものです。安楽死を認めることで、医師が人を殺すことに関与することになります。ここまでを英語にします。

❹ **倫理観違反**

> It is unethical to decide on human life and death artificially. Allowing euthanasia means doctors would get involved in killing people. They should not do that, but instead save and help people.

　この「**倫理観違反**」も、臓器売買・安楽死と複数のテーマに横断して利用できるので、〉-┼- **便利な横断表現**〉としてまとめます。

┼ 便利な横断表現 ⑬ 〉　**倫理観違反**

> It is unethical to **decide on human life and death artificially**. Allowing euthanasia means doctors get involved in killing people. They should not do that, but instead save and help people.

　以上を基に、模範解答を作成していきます。

模 範 解 答

I disagree with this statement. **①Some people think that they should decide whether they live or not**. However, there are more disadvantages to this than advantages.

First, **②if euthanasia were allowed, some patients might choose to die not at their own will but due to the surrounding pressure**.

Second, **③it is unethical to decide on human life and death artificially**. Allowing euthanasia means doctors would get involved in killing people. They should not do that, but instead save and help people.

For these reasons, the government should not create such a law.

(92 words)

全訳 私はこの意見に反対だ。中には、**①自分の生死を自ら決めるべきだと考える人**もいる。しかし、安楽死にはプラス面よりマイナス面が多い。

第一に、**②もし安楽死が認められると、患者は自分の意思ではなく周囲の圧力によって死を選んでしまうかもしれない**。

第二に、**③人の生死を人為的に判断するのは倫理観に反する**。安楽死を認めることは、医師が人殺しに関与することを意味する。医師は人を殺すのではなく、救い助けるべきだ。

これらの理由から、政府はそのような法律を作るべきではない。

ここでチェック! 別冊 p. 17 解答の筋道と論拠

問題文の全訳

「政府は安楽死を認める法律を作るべきだ」

あなたはこの意見に賛成ですか。自分の考えを支持する説得力のある理由を１つ以上あげて文章を書きなさい。(100 語未満)

テーマ 38 世界の言語が１つだったら

現在、全世界で約 3000 から 8000 の言語が話されていると言われている。もしそうではなく、全世界の人々がみな同じ１つの言語を使用しているとしたら、我々の社会や生活はどのようになっていたと思うか。50〜60 語の英語で答えよ。

　世界共通語という発想は、昔から存在しており、それにまつわるのものを紹介していきます。まずは旧約聖書に登場する**バベルの塔**です。聖書によると、**その昔、人間はみな同じ１つの言語を話していた**そうです。ところが、人間は、造作（ぞうさく）の技術を手に入れるなど、技術の進歩を遂げることで、徐々に傲慢になっていきました。

　ついには、**天に届くほどの塔を建てて、名をあげよう**としました。この塔が**バベルの塔**です。神は、人間が１つの民で同じ言語を話していることが、この大業（たいぎょう）の根底にあると知りました。そこから、神は人間の言葉を乱し、人々を各地に散らしたそうです。**今日、世界中に多様な民族・言語が存在するのは、バベルの塔を建てようとした人間の傲慢を、神が裁いた結果**というお話です。

　続いて、世界共通言語の概念に近い**エスペラント語**を紹介します。英語が事実上の国際語ですが、英語はあくまで特定の民族、国家の言語になります。これが公的に世界共通語となると、政治・経済等あらゆる面で、英語を使用する国家・民族を優位に立たせることになってしまいます。一方で、エスペラント語とは、公平・中立の概念に沿って作られた人工の言語になります。では、具体的に**世界共通言語のメリット**から見ていきましょう。

世界共通言語のメリット

世界共通言語が存在して、それを話せるようになると、**海外で暮らす人たちとも、簡単に意思疎通ができる**ようになります。離れた地で暮らす多くの人と意思疎通できるようになります。これは、現在でも英語を話せると、多くの人たちと意思疎通ができることからも、想像しやすいでしょう。英語にします。

> **❶ 海外で暮らす人たちとも、簡単に意思疎通できる**
>
> You can communicate easily with those who live overseas. You can interact with many people living in distant areas.

続いて、世界共通言語が存在してそれを話せると、**国際的な視野を持つことができます。これにより、国境や民族といった考えに縛られなくなります。**ここまでを英語にします。

> **❷ 国際的な視野を持つことができる**
>
> You would have a wider global perspective. You would not be bound by the idea of borders and national consciousness.

語数が少ないので模範解答には使いませんが、続いて、世界共通言語のデメリットについても知っておきましょう。

世界共通言語のデメリット

世界共通言語を実際に話そうとすると、**簡単な意思疎通しかできなくなる可能性があります。細かい感情のニュアンスを伝えづらくなるかもしれません。**英語にします。

> **❸ 簡単な意思疎通しかできない**
>
> You can communicate with others only through simple expressions. You cannot convey nuances of feelings.

他にも、言語には、その言語を話す人たちの文化が強く反映されています。**世界共通言語には文化がないため**、**言語として劣ったものになる**というデメリットがあげられます。ここまでを英語にします。

❹ **文化に根づいていないので、言語として劣る**

A universal language is inferior because it does not stem from any particular culture. Languages strongly reflect the culture of those who speak them.

以上を基に、模範解答を作成していきます。

模 範 解 答

If there were only one language in the world, ❶**you could communicate easily with those who live overseas**. You could interact with many people living in distant areas. In addition, with a universal language, ❷**you would have a wider global perspective**. You would not be bound by the idea of borders and national consciousness.

(54 words)

全訳　もし世界に１つしか言語がないなら、❶海外で暮らす人とも容易にコミュニケーションが取れるだろう。離れた地で暮らす多くの人と交流することができる。さらに、世界共通語のおかげで、❷より広い国際的な視野を持つことができる。国境や国家意識に縛られなくなるだろう。

ここでチェック! 別冊 p. 17　解答の筋道と論拠

39 歩きスマホの問題点

Write a short essay in English (120-150 words) in which you answer the following questions. Write the number of words you used.

What are some problems that can be caused by using smartphones while walking? What else can be done to improve people's phone manners? Explain your answer clearly giving examples and reasons.

　設問の内容をまとめると、**歩きながらスマートフォンを使うこと（＝歩きスマホ）の問題点は何か、電話のマナーを向上するのに何ができるか**という問いです。第1章 **01 携帯電話の功罪**から発展して、歩きスマホの問題点です。まずは、歩きスマホの問題点から見ていきます。

歩きスマホの問題点

　簡単に思いつくのは、**歩きながらスマホを見る行為は危険で、事故に巻き込まれる可能性が高くなる**ことでしょう。歩きながらスマホを見ていると周りが見えなくなるので、他の歩行者とぶつかったり、自転車に乗っている人とぶつかったり、自動車と衝突する可能性もあります。自分がケガをするのはもちろん、相手にケガをさせる可能性も出てきます。例えば、幼い子供を乗せて自転車をこいでいる人とぶつかると、相手やその子供までケガをする可能性があります。ここまでを英語にします。

❶ **歩きながらスマホを見る行為は危険である**

Using smartphones while walking is very dangerous. You can be a victim. You can bump into other pedestrians, cyclists, and cars when you use smartphones while walking. You can also cause damage to the others. For example, when you bump into cyclists carrying their child in the rear seat, you can cause damage to both cyclists and their child.

続いて、歩きスマホは四六時中スマホを見ているので、目が悪くなり、体全体にも疲労やストレスが溜まります。**健康面でも、歩きスマホは良くない**のです。英語にします。

❷ **健康面から見ても、歩きスマホは良くない**

Using smartphones while walking is not good for your health. It means that you are using smartphones all the time. It could lead to bad eyesight and cause you so much stress.

電話のマナーの向上

では最後に、**歩きスマホを減らすために、何ができるかという問題**に入っていきます。まずは、**歩きスマホの危険性、特に加害者になる可能性があることを、周知する必要**があります。具体的には、タバコのパッケージのように、スマホに歩きスマホへの警告文を表示しておくと、一定の効果があるでしょう。これを英語にします。

❸ 歩きスマホのマイナス面を周知する

You can let people know the disadvantages of using smartphones while walking. Putting warnings on smartphones, like on cigarette packs, could reduce the number of people who use smartphones while walking.

以上を基に、模範解答を作成します。

模 範 解 答

❶Using smartphones while walking is very dangerous. You can be a victim. You can bump into other pedestrians, cyclists, and cars when you do so. You can also cause damage to others. For example, when you bump into cyclists carrying their child in the rear seat, you can cause damage to both cyclists and their child.

Also, **❷using smartphones while walking is not good for your health**. It means that you are using smartphones all the time. It could lead to bad eyesight and cause you so much stress.

In order to improve people's phone manners, **❸you can let people know such disadvantages of using smartphones while walking**. Putting warnings on smartphones, like on cigarette packs, could reduce the number of people who use smartphones while walking.

(128 words)

全訳　❶歩行中にスマホを使うことは、とても危険だ。犠牲者になる可能性がある。歩きながらスマホを使っていると、他の歩行者や自転車に乗っている人、車と衝突する可能性がある。また、他人に危害を加える可能性もある。例えば、後部座席に子供を乗せて自転車をこいでいる人と衝突すると、自転車の運転手と子供の両方にケガを負わせる可能性がある。

　　また、❷歩行中のスマホは健康にも良くない。歩行中のスマホの使用は、四六時中スマホを使っていることを意味する。視力が悪くなるし、ストレスも多くなる。

　　電話使用のマナーを向上するのに、❸歩きスマホのマイナス面を人に知らせることができる。スマホにタバコのパッケージのような警告文を表示することで、歩きスマホをする人の数を減らすことができる。

ここでチェック!　別冊 p. 17　解答の筋道と論拠

問題文の全訳

　次の質問に答えて、120〜150 語の英語で短い文章を書きなさい。使用した語数を書きなさい。

　歩きスマホによって起こる問題は何か。人々の電話のマナーを向上するために何ができるか。例と理由をあげて、自分の答えをはっきりと説明しなさい。

40 レジ袋の有料化への賛否

Write short essays in English to answer this question.

Many supermarkets stopped giving free plastic bags and started charging for them instead. Do you think it was a good decision or a bad one? Take one position and write the reasons why you think so. (about 60 words)

　スーパーのレジ袋の有料化ですが、そもそもなぜレジ袋を有料にするのか、背景を理解しておきましょう。これは何も、スーパーがお金儲けをしようという趣旨ではなくて、**プラスチックでできているレジ袋のごみにより、海洋が深刻なほどに汚染されている問題**が背後にあるのです。

　例えばウミガメが、海に漂うプラスチック製のポリ袋を餌のクラゲと間違えて飲み込んで死んでしまったり、フィリピンの海岸に打ち上げられたクジラの胃から 40 kg ものビニール袋が出てきたりすることが報告されています。クジラは、ビニール袋が胃の中で消化されないために、魚などの餌が食べられなくなり餓死してしまいます。

〝プラスチックごみの悪影響

　上で述べたように、ビニール袋が海洋生物の命を奪っている現状があります。それとは別に問題となっているのが、プラスチックごみが破片となり、微小な粒子となった**マイクロプラスチック**です。魚や海鳥の体内から大量に見つかっており、食物連鎖を通じて、**魚を食べる人間の体内にも有害なプラスチックごみが蓄積されている**という懸念も広がっています。ここまでを英語にします。

❶ **レジ袋のせいで海洋生物の命が奪われている。マイクロプラスチックが人間にも害を与えると言われている**

Plastic bags have caused many marine animals to die. Micro plastics are said to cause us damage.

では、プラスチックごみの問題に対して、いかなる取り組みが進んでいるのでしょうか。

❝❝ プラスチックごみの削減方法

スーパーでのレジ袋を削減する取り組みが世界各国で進んでいます。レジ袋を有料とすることで、エコバッグと呼ばれるマイバッグの持参を促します。また、ジュースやチョコレートを買う程度なら、レジ袋を購入せずとも、手で持つかカバンやポケットに入れるだけで良いのです。

❷ **スーパーでのレジ袋削減の取り組み**

There are many approaches to reducing the use of plastic bags in supermarkets. First, there is a charge for plastic bags. If you want plastic bags, you have to pay. By doing so, people will bring their own bags. Also, if they buy a few items, they should carry their goods without purchasing plastic bags.

以上を基に、模範解答を作成します。

模 範 解 答

I think it was a good decision. Of course, some customers feel embarrassed at being charged for plastic bags. However, plastic bags have caused a lot of serious damage.

For example, ❶they have caused many marine animals to die. Micro plastics are said to cause us damage.

For these reasons, I agree with this decision.　(55 words)

全訳　私は、それは良い判断だったと思う。もちろん、客の中には、レジ袋が有料になったことに困惑している者もいるだろう。しかし、レジ袋はたくさんの深刻な害をもたらしている。

　　例えば、❶レジ袋のせいで、多くの海洋生物が死に至っている。マイクロプラスチックは私たちに何らかのダメージを与えると言われている。

　　これらの理由から、この判断に賛成する。

ここでチェック！　別冊 p. 18　解答の筋道と論拠

問題文の全訳

英語で短い文章を書いて、この問題に答えなさい。

　多くのスーパーが、無料のレジ袋の提供をやめて、有料化している。これが良い判断だったと思うか悪い判断だったと思うか。あなたの立場を決めて、そう思う理由も書きなさい。(60 語程度)

第 3 章

感想文タイプの自由英作文

感想文タイプ

ある事柄に対して、自分の感想を述べることを求められるタイプの出題。

Aランク ★★★

過去に何度も出題されており、今後も
高い確率で出題が予想されるテーマ

Bランク ★★

過去に何度も出題されており、今後も
十分に出題が予想されるテーマ

Cランク ★

過去に出題されており、今後も出題が
予想されるテーマ

41 大学入学後にやりたいこと

大学に入ってからやりたいことについて60語程度の英語で答えなさい。

★★★

感想文タイプの自由英作文の題材としては、頻出のテーマになります。大学側としては、入学前からビジョンを抱いている生徒に入学してほしいものですが、この出題をきっかけにビジョンを抱いてほしいという願いでもあるのでしょう。もっとも自由英作文での出題なので、その「やりたいこと」の内容いかんで点数は上下しません。あくまで、**論理的一貫性があるか、適切な語彙を使って正しい英文法に基づいて表現できているかを基準に採点**されます。では、具体的に見ていきましょう。

❝ 大学でやりたいこと（大学卒業後にやりたいことを見据えて）

例えば、卒業後に**弁護士になりたい**ので、大学では**法律を学びたい**とします。弁護士を志す理由は、困っている人や立場の弱い人を助けてあげたいからとします。英語にしましょう。

> ❶ **弁護士になるために法律を学びたい**
>
> I want to study law to become a lawyer in the future.
>
> +α I would like to help those who are in trouble and in a weak position.
> 困っている人や弱い立場の人を助けたい。

続いて、別の例も見ておきましょう。**英語の先生になるために留学したい**とします。例えば、英語が苦手な生徒を少しでも得意にして、成功体験を与えたい。この例の場合は、悩みを持つ生徒を少しでも助けてあげたいといった動機づけを続けると良いでしょう。英語にします。

❷ 英語の先生になるために留学したい

> I want to study abroad to become an English teacher.

+α I would like to help those who are not good at English, and support students with worries.

英語が得意ではない生徒を助けたい。悩みを持つ生徒の助けになりたい。

他にも理系を志す生徒で、**将来研究者になって企業に勤めたいので**、大学生のうちに様々な実験をして、優れた論文を発表したいとしましょう。英語にします。

❸ 研究者として企業に勤めたい

> I want to work as an engineering researcher at a company.

+α So I will conduct various types of research in university and publish quality papers.

大学で様々な研究をして、優れた論文を発表したい。

続いて、職業を意識した大学生活から離れて、文系理系を問わず、すべての人に当てはまる内容を紹介します。

大学入学後にやりたいこと（文理共通）

大学生なら誰しも経験するであろう**アルバイトを通じて社会経験を積みたい**とします。塾や家庭教師で生徒に勉強を教えるアルバイトをしたい、なぜならこれまで何人もの先生にお世話になってきたからと、動機を続けましょう。

❹ アルバイトをして社会経験を積みたい

> I want to gain social experiences through part-time jobs.

+α As I have learned a lot from many teachers, I would like to teach at a cram school or work as a tutor.

たくさんの先生から学んだので、塾や家庭教師で生徒に勉強を教えたい。

次の例は、**自分の世界を広げたいです**。そのために、**サークルに入って友達を作りた**
いとします。様々な地域出身の人や、海外出身の人と仲良くなりたいと動機を続けます。
英語にします。ちなみに、「サークル」は club で表します。

---

❺ **自分の世界を広げたい**

> **I want to broaden my world.**
>
> +α So I will join a club and make friends with those who are from different areas of
> Japan and from different countries.
>
> サークルに入って、日本の異なる地域や、違う国から来た人と仲良くなりたい。

以上、いくつかの解答案を示しましたが、自分の思いに近いものや、自分の志望学部
と矛盾しないものを使ってください。模範解答は、2つ目に紹介した留学して英語の先
生になりたいを選びました。世界を広げるために、サークルに入って、色々な人と交流
したいとします。

模 範 解 答

❷<u>I want to study abroad to become an English teacher</u>. I would
like to help those who are not good at English, and support students
with worries.

Also, ❺<u>I want to broaden my world</u>. So I will join a club and make
friends with those who are from different areas of Japan and from
different countries.

(56 words)

全訳　❷私は、英語の教師になるために留学をしたい。英語が得意ではない生徒を助けて、悩
みを持つ生徒をサポートしたい。
　　　また、❺自分の世界を広げたい。だからサークルに参加して、日本の異なる地域出身の
人や外国出身の人と友達になりたい。

ここでチェック!　別冊 p. 18　解答の筋道と論拠

42 一番好きなもの

テーマ

> 1．今まで読んだ中で、**一番好きな本**について 50 語程度の英語で答えなさい。
>
> 2．今まで行った観光地で、**一番好きな場所**について 50 語程度の英語で答えなさい。
>
> 3．日本の四季の中で、**一番好きな季節**について 50 語程度の英語で答えなさい。
>
>

一番〜なもの

　過去の出題では、一番好きな本（映画）・行きたい場所（観光地）・先生・プレゼント・尊敬する人・色・四季などが出題されています。その中でも、**本・場所・季節の出題頻度が高い**ので、**42** ではこの 3 つを取り上げます。

解答作成のコツ

　出題頻度が高い問いに対しては、事前に解答を用意しておいて、本番ではその中から応用できるものを選びましょう。解答を作成する際は、**具体例**を出し、そしてそれが**好きな理由**を続けていきましょう。

　まずは、一番好きな本を紹介します。なお、取り上げる題材は何でも良いですが、本のみならず、マンガ・映画などメディアミックス的に展開されている幅広い題材を選んでおくと応用範囲が広がります。

1. 一番好きな本

　ここでは、ノベライズ化や映画化もされている国民的なマンガである『ONE PIECE
(ワンピース)』を取り上げます。実際に、大人の私が読んでも涙が止まらないシーンも
あり、昨今の日本のマンガは決して子供だけが見るものではなく、全世界に誇れる日本
の文化と言えるでしょう。『ONE PIECE』が広く支持される理由の１つ目としては、❶
友情・努力・勝利の大切さを教えてくれるからです。２つ目の理由は、❷ バトルシー
ン・ギャグシーン・感動するシーンのような多彩なエピソードが盛り込まれているから
とします。これらを基に、模範解答を作成します。

1. 模範解答

　"ONE PIECE" is my favorite comic book. It is a story about a
group of pirates searching for treasure called 'ONE PIECE.' First, ❶it
teaches me the importance of friendship, effort, and victory. Second,
❷the story contains various episodes, such as exciting battles, gag
scenes, and moving stories. Therefore, I like "ONE PIECE" best.

(54 words)

全訳　　『ワンピース』が私の大好きなマンガだ。それはある海賊のグループが「ワンピース」
と呼ばれる宝物を探す物語だ。第一に、❶それは友情、努力、勝利の大切さを教えてくれ
る。第二に、❷わくわくする格闘シーン、ギャグのシーン、そして感動する話など様々な
エピソードが盛り込まれている。だから、『ワンピース』が一番好きだ。

ここでチェック！ 別冊 p. 19　解答の筋道と論拠

続いて、**一番好きな場所（観光地）**に進みます。

2．一番好きな場所・観光地

一番好きな場所や観光地では、タイを取り上げます。実際に日本人に人気があり、その理由が容易に思い浮かぶからです。例えば、❶ **タイは「微笑みの国」と言われるほど、にこやかで優しい国民性**です。それから、❷ **料理も非常においしいこと**があげられます。最後に、❸ **世界一気持ちいいと言われているタイ古式マッサージがあること**があげられます。これらを基に、模範解答を作成します。

2．模範解答

My favorite tourist destination is Thailand. ❶**As people there are always smiling and gentle, the country is called the "Land of Smiles."** ❷**Thai food is very nice because it is hot and spicy.** Furthermore, ❸**Thailand's traditional massage is said to be the most relaxing in the world**.

(47 words)

> **全訳**　　私の大好きな観光地はタイだ。❶タイの人たちはいつも笑っていて優しいので、「微笑みの国」と呼ばれているくらいだ。❷タイ料理は、辛くてスパイシーなので、とてもおいしい。さらに、❸タイ古式マッサージは世界一気持ちいいと言われている。

ここでチェック! 別冊 p. 19　解答の筋道と論拠

最後に、**一番好きな季節**に入っていきましょう。

3．一番好きな季節

これも自分の本当に好きな季節ではなくても、理由が簡単に英語で説明できるものを選んで OK です。実際にどうかは別にして、例えば夏を選びましょう。理由としては、夏は❶ **暑いので開放的で陽気な気分になること**をあげます。そして、❷ **海水浴に行ったりプールで泳いだりするのに最適な季節**でもあります。❸ **大人も子供も夏休みがあるので、家族で旅行に行くこともできます。**以上を英語にします。

3. 模 範 解 答

My favorite season is summer. **❶As it is hot in summer, you feel relaxed and happy**. Also, **❷it is the best season to swim in the sea and pool**. Finally, **❸you can travel with your family because not only children but also parents take summer vacation**. (46 words)

全訳 私の大好きな季節は夏だ。❶夏は暑いので、開放的で楽しい気分になる。また、❷海や プールで泳ぐのに最高の季節だ。最後に、❸子供だけではなく親も夏休みをとれるので、 家族と旅行ができる。

ここでチェック! 別冊 p. 19　解答の筋道と論拠

テーマ 43 訪日外国人観光客におすすめの場所

Japan is attracting more and more tourists from abroad these days. Which city in Japan would you like them to visit besides Tokyo and Kyoto? State your opinion and explain why in 60-80 English words.

　外国人観光客に日本のどこをすすめるかという問いです。多くの人が京都と言いたいところでしょうが、本問のように東京や京都以外でおすすめの場所はどこかと出題される可能性もあるので、それ以外の場所を用意しておきましょう。ここでは、神戸を取り上げます。

❝ 神戸をおすすめする理由

　神戸のみならず、他のおすすめの場所でも当てはまる理由になるのが、**食事がおいしい**ということでしょう。神戸でいうと、神戸牛が有名です。ここまでを英語にします。

> **❶ 食事がおいしい**
>
> You can eat delicious food in Kobe. Kobe beef is very popular and delicious.

　続いて、神戸がおすすめの理由として、**夜景がきれいなこと**をあげます。摩耶山（まやさん）からの夜景は、日本三大夜景の 1 つに数えられるほどです。英語にします。

> **❷ 夜景がきれい**
>
> You can see a beautiful night view in Kobe. The view can be regarded as one of the most beautiful night views in Japan.

　最後に、神戸には有馬温泉という**有名な温泉がある**ので、これもおすすめの理由の 1 つとなります。温泉につかることで、リラックスして疲れを取ることができます。英語にします。

> **❸ 温泉がある**
>
> **You can take a bath in a hot spring.** Kobe has Arima Hot Spring. You can feel relaxed and relieve your fatigue by taking a bath.

では、以上を基に模範解答を作成します。

模 範 解 答

I would like them to visit Kobe city. First, **❶they can eat delicious food in the city**. They can eat Kobe beef, which is very popular and delicious.

Second, **❷they can see a beautiful night view in Kobe**. The view can be regarded as one of the most beautiful night views in Japan.

Finally, **❸they can take a bath in a hot spring**. Kobe has Arima Hot Spring. They can feel relaxed and relieve their fatigue by taking a bath.

(80 words)

全訳　私は外国人観光客に神戸を訪れてほしい。第一に、**❶神戸ではおいしい食事が食べられる**。とても人気でおいしい神戸牛を食べることができる。

第二に、**❷神戸では美しい夜景を見ることができる**。その景色は、日本で最も美しい夜景の１つにあげられる。

最後に、**❸温泉に入ることができる**。神戸には有馬温泉がある。風呂につかって、リラックスして疲れを癒すことができる。

ここでチェック! 別冊 p. 20　解答の筋道と論拠

問題文の全訳

　日本は最近ますます多くの海外からの観光客を引きつけている。東京と京都を除いて、日本のどの都市がおすすめか。60〜80 語の英語で自分の意見を書きなさい。

テーマ

44 失敗から学んだ大事な教訓

人生、誰しも失敗がつきものですが、あなたはこれまでどのような失敗を経験し、そこからいかなることを学びましたか。最も印象的な事例を具体的に1つあげ、70語程度の英語で説明しなさい。

★★★

「今までの人生で学んだ最も大事な教訓」という聞かれ方でもよく出題されますが、**今までの失敗とそこから得た教訓**というテーマへの答えを1つ用意して、これを横断的に利用していきましょう。実は、このテーマは就職活動においても面接でよく聞かれる重要な質問になっています。企業としては、何らかの失敗をして、そこから這い上がった経験のある人材を欲しているようです。

受験で失敗した、部活動で挫折を経験した等、色々あるでしょうが、**失敗から立ち上がることの大切さ**、そして**あきらめないことの大切さ**がすべてに共通する大事な教訓となるでしょう。本書で提示する模範解答が自分の経験にマッチしていなくても、論理的な英文例として覚えてください。

過去の失敗

失敗の経験としては、**高校入試で失敗したこと**をあげます。**第一志望校に落ちてしまった**とします。実際にあったかどうかは別にして、論理的に書くことに専念してください。ここまでを英語にします。

❶ 高校入試で失敗

I failed the high school entrance examination. I was not able to pass the exam for the school of my first choice.

続いて、失敗から学んだ教訓を紹介していきます。

失敗から学んだ教訓

そこから、**準備をしっかりすることの大切さ**を学びます。そして**失敗から立ち上がって、再び勉強を続けることの大切さ**を学びます。ここまでを英語にします。

❷ 準備をしっかりすること、失敗から立ち上がって、勉強を続けること

I learned from this experience that it is important to prepare well. It is also important to get up again after failing and to keep on studying.

以上を基に、模範解答を作成します。

模 範 解 答

❶I failed the high school entrance examination. I was not able to pass the exam for the school of my first choice. ❷I learned from this experience that it is important to prepare well. I failed the exam because I did not prepare enough for the test. ❷It is also important to get up again after failing and to keep on studying. I decided never to give up and start over. (71 words)

全訳　❶私は高校入試で失敗をした。第一志望の学校に入ることができなかった。❷この経験から、しっかりと準備をすることの大切さを学んだ。試験に落ちたのは、テストの準備をしっかりとしなかったからだ。❷また、失敗から再び立ち上がって学び続けることも重要だ。決してあきらめずにやり直そうと決意した。

ここでチェック！ 別冊 p. 20　解答の筋道と論拠

45 偉人と話せるなら誰と、何を話したいか

テーマ

If you could have a conversation with any person in human history (living or dead), who would you choose? Why? What would you discuss? (approximately 100 words)

　過去、または現在の偉人と話せるなら、誰と話したいのか、何を話したいのかというテーマで、感想文タイプの自由英作文では頻出のテーマになります。試験本番で内容を考えて、その場で文を組み立てるようではかなりの時間と労力を要するので、事前にしっかり準備をしておきましょう。

誰と話をしたいか？＋なぜその人と話したいか？

　これは、スポーツ選手などがわかりやすい例でしょう。野球が好きならイチロー選手や大谷 翔 平選手、サッカーが好きなら三浦知良選手、スケートが好きなら羽生結弦選手などをあげます。いずれも、その世界の伝説的な選手の一人です。ここまでを英語にします。

> ❶ 三浦知良選手と話したい
>
> I would like to talk to Kazuyoshi Miura. He is one of the legends in soccer.

続いて、何を話したいかを見ていきます。

何を話したいか？

　まずは、**途中で競技をやめたくなることはなかったのか**と聞きます。**人生で最大の挫折は何だったのか、同時にそこからどうやって立ち上がったのか**を聞きます。ここまでを英語にします。

❷ サッカーをやめたいと思ったことはなかったのか

I would like to ask him whether he has ever thought of quitting soccer or not. I would like to ask him what his biggest failure is, and how he got up again from the failure.

続いて、成功の秘訣、そしてどうやってそんなに長い間プロのサッカー選手としてプレーし続けられるのかと質問します。ここまでを英語にします。

❸ 成功の秘訣は何か

I would like to ask him what the key to success is. I would also want to ask him how he can play soccer for a long time.

以上を基に、模範解答を作成します。

模 範 解 答

❶I would like to talk to Kazuyoshi Miura. I respect him very much. He is one of the legends in soccer.

First, ❷I would like to ask him whether he has ever thought of quitting soccer or not. In addition, I would like to ask him what his biggest failure is, and how he got up again from the failure.

Second, ❸I would like to ask him what the key to success is. I would also want to ask him how he can play soccer for a long time. I think diligence and honesty are important in any world, and I would want to ask him the secret to success.

(110 words)

全訳　❶私は三浦知良選手と話したい。私は彼をとても尊敬している。彼はサッカーの伝説的選手の一人だ。

　第一に、❷彼にはサッカーをやめたいと思ったことがあるかどうかを聞いてみたい。さらに、最大の挫折は何だったかと、どうやって失敗から立ち上がったかを聞いてみたい。

　第二に、❸彼に成功の秘訣が何かを聞いてみたい。また、どうやったらそんなに長い間サッカーができるのかを聞いてみたい。どの世界でも勤勉さやまじめさが重要だと思うので、彼に成功の秘訣を聞いてみたい。

ここでチェック！　別冊 p. 20　解答の筋道と論拠

問題文の全訳

　亡くなった人も含めて、可能なら歴史的な偉人の誰と話をしてみたいか。その理由と話したい内容を含めて英語で答えなさい。（100 語程度）

46 タイムマシーンがあったら

タイムマシーンがあったらいつの時代に行ってみたいか？ 80語程度の英語で答えなさい。

この問題にふれたことがないと、最初は面食らってしまいますが、**大学入試の自由英作文では長い間頻出テーマの1つ**となっていました。一度答えを用意さえすれば、本番直前に軽く記憶を呼び戻すことで、必ず対応できるテーマですので、見ていきましょう。

タイムマシーンの応用

「タイムマシーンがあったらいつの時代に戻りたいか？」という設問も、過去に複数出題されていますが、次のような聞かれ方にも、同様の論拠が利用できます。例えば、「今までの人生で、過去のある特定の時点にもう一度戻れるとしたら、あなたはどの時点に戻りたいですか？」といった聞かれ方です。では、解答作成のコツを見ていきます。

解答作成のコツ

「タイムマシーンがあったらいつの時代に行ってみたいか」に対して、未来のことだけ考えていたのでは、前述のように、「過去のある特定の時点にもう一度戻れるとしたら」の話題に対応できません。よって、**過去に戻るならいつがよいかを考えておくこと**をおすすめします。そこで必要な情報が、**❶具体的な時の指定**と**❷そこに戻りたい理由**です。この2つが揃っていれば、あとは文法的なミスをなくせば合格点に到達できます。では、解答のプロセスを実際に見ていきます。

解答のプロセス

まずは、**❶具体的な時の指定**です。解答例では、感想文タイプの A ランクである **44**
の**失敗から学んだ大事な教訓**で用いた表現を利用します。**高校入試の前と指定**します。
ここから英語にしていきます。

❶ 高校入試の前に戻りたい

> I would like to go back to the days before my high school entrance
> examination.

続いて、その時代を指定した理由です。**もっとしっかり準備して入試に臨みたい**とし
ます。具体的な理由としては、**準備不足で、第一志望校に落ちたから**とします。英語に
します。

❷ もっとしっかり準備して入試に臨みたい。勉強不足で第一志望に落ちたから

> I would like to have prepared well for the examination. I was not able
> to pass the examination for the school of my first choice. If I could go back to the
> days before the examination, I could prepare and study enough for it.

〉✛ **便利な横断表現**〉として、高校入試で失敗した、第一志望校に落ちたまでをまとめ
ます。

✛ 便利な横断表現 ⑭ 　**高校入試での失敗**

> I failed the high school entrance examination. I was not able to pass the
> examination for the school of my first choice.

以上を基に、模範解答を作成します。

模 範 解 答

❶<u>I would like to go back to the days before my high school entrance examination.</u> **❷**<u>I would like to have prepared well for the examination.</u> I was not able to pass the examination for the school of my first choice. If I could go back to the days before the test, I could prepare and study enough for it. If I had studied enough for it, I could have passed the exam for the school of my first choice. (79 words)

全訳 ❶私は高校入試の前に戻りたい。❷試験の準備をしっかりしたかった。第一志望校の試験に合格することができなかった。もしその試験の前に戻れるなら、十分な準備と勉強ができたかもしれない。しっかりと勉強していたら、第一志望校の試験に合格したかもしれない。

ここでチェック！ 別冊 p. 21 解答の筋道と論拠

47 理想の先生

テーマ

We have all had teachers that were effective for us, and some that were not. In your opinion, what is an ideal teacher? (approximately 60 words)

　「理想の先生」というテーマは、今までに出会った中で、最高の先生はどういう人か？といった形でよく出題されています。これも、一度英作文を組み立てておくと、本番でスラスラと書けるので、考えて準備しておきましょう。他にも、今まで受けた中で最高の授業は？という問われ方もあるので、こういったテーマにもあらかじめ解答を用意しておくといいでしょう。

理想の先生は？

　自分が悪いことをした時に、しっかりと叱ってくれる先生をあげます。具体例をあげると、中学生のころ、私がひどいことをして当時の先生が叱ってくれたとします。あとになって、あのとき叱られたおかげで、反省して成長することができたと続けます。模範解答を作成していきます。

模 範 解 答

　<u>An ideal teacher for me is a teacher who scolds us when we do something wrong</u>. When I was in junior high school, the teacher scolded me for my bad behavior. True, I did not feel good when I was scolded. However, later in life, I realized its importance, and he enabled me to grow up.

(56 words)

> **全訳** 私にとっての理想の先生は、間違ったことをしたときに叱ってくれる先生だ。中学生のころ、当時の先生が私のひどい行いを叱ってくれた。確かに、叱られたときは良い気分はしなかった。しかし、のちの人生で、その重要さに気づいた。その人のおかげで私は成長できた。

ここでチェック! 別冊 p. 21　解答の筋道と論拠

　50 語程度なら、以上の模範解答で構いません。それ以上長い語数を要求されるようならば、例えば、実際にいつどのような場面で叱られたのか、それによってどのような教訓を学んだのかを書いていけば良いでしょう。

　実際に、年を重ねるほど、耳に痛いことを言ってくれる人は少なくなります。それだけ自律性を持って様々な物事に対峙していくことが必要になります。大人になってからも、耳に痛いことを言ってくれる存在というのはとても貴重です。若い時ならばなおさら、しかるべき時にしっかりと叱ってくれる大人の存在が必要なのです。

問題文の全訳

　私たちにはみな影響を受けた先生もいればそうではない先生もいる。あなたの意見では、理想の先生とはどんな人か。(50 語程度)

48 日本のマンガやアニメが人気の理由

テーマ

日本のマンガやアニメはなぜ海外でも人気なのか？　80語程度で、英語で答えなさい。

★★

　フランス語で、manga という言葉が使われるようになるなど、世界的に日本のマンガが流行しています。アジアやヨーロッパ、南米でも人気を博しています。海外の一部の国では、マンガは子供が読むものという認識が強いですが、日本では大人もマンガを読む文化があります。では、日本のマンガやアニメが人気な理由を見ていきます。

66 日本のマンガやアニメが海外で人気な理由

　例えば、第3章 **42** のテーマ**一番好きなもの（本）**で取り上げた『ONE PIECE』でも言及したように、日本のマンガが海外で人気のある理由の１つとして、**友情・努力・勝利の大切さを教えてくれること**があげられるでしょう。この表現を横断して利用します。こういったテーマは、日本に限らず、世界中で共感を呼ぶ題材になります。それゆえに、読者は登場人物に感情移入がしやすくなります。ここまでを英語にします。

❶ 友情・努力・勝利の大切さを教えてくれる

Japanese manga can teach foreign readers the importance of friendship, effort, and victory. Such universal themes can enable them to identify with the characters.

 便利な横断表現 ⑮ 　友情・努力・勝利の大切さ

Japanese manga can teach foreign readers the importance of friendship, effort, and victory. Such universal themes can enable them to identify with the characters.

続いて、**マンガのデザインが優れていること**があげられます。細かい体の動き、顔の表情など、映画のワンシーンのように見えるものもあります。ここまでを英語にします。

❷ **マンガのデザインが優れている**

The illustrations are excellent, including the close attention to body movements and facial expressions. They look like scenes from movies.

最後に、**マンガの登場人物が魅力的なこと**があげられます。制服や忍者などの服装が格好いいことも海外での人気の理由の１つになります。

❸ **マンガの登場人物が魅力的**

The characters are attractive. Their clothes such as school uniforms and ninja costumes are cool.

以上を基に、模範解答を作成していきます。

模 範 解 答

Japanese comic books have a lot of good points. First, ❶**they can teach foreign readers the importance of friendship, effort, and victory**. Such universal themes can enable them to identify with the characters.

Second, ❷**the illustrations are excellent, including the close attention to body movements and facial expressions**. They look like scenes from movies.

Finally, ❸**manga characters are attractive to people overseas**. For example, their traditional Japanese clothes such as school uniforms and ninja costumes are cool.

(77 words)

全訳　日本のマンガには、良い点がたくさんある。第一に、❶友情・努力・勝利の大切さを外国の読者に教えてくれる。そのような普遍的なテーマにより、その人たちは容易に登場人物と自分を重ねられる。

　　第二に、❷マンガのデザインである身体の詳細な動きや表情などがとても優れている。映画のワンシーンのように見える。

　　最後に、❸マンガの登場人物が海外の人にとって魅力的だ。例えば、学校の制服や忍者のコスチュームのような日本の伝統的な服が格好良い。

ここでチェック！　別冊 p. 21　解答の筋道と論拠

49 テクノロジーによる過去最大の変化

以下の質問に対して、２つの理由をあげてあなたの意見を 80 語から 100 語程度の英語で書きなさい。

Technology has changed our lives in many ways. What do you think has been the biggest change?

テクノロジーによる過去最大の変化は何かという問いですが、これから本格化すると言われている人工知能のもたらす変化の前に、まずは**インターネットによる変化**をあげるのがいいでしょう。

すでに扱った第２章 **03 のインターネットの功罪**を横断して利用すれば、この問いにもしっかりと解答することが可能になります。**03** であげたインターネットのデメリットを**譲歩**として使いつつ、設問の条件にあるように、インターネットのメリットを２点あげて、論じていきましょう。では、譲歩としてあげるインターネットのデメリットを改めて確認していきます。ネット依存症を取り上げます。

" インターネットのデメリット

インターネットのデメリットは、**インターネット依存症になる恐れ**をあげます。四六時中インターネットをいじって、部屋に引きこもってしまう恐れがあります。

>·⁚· 便利な横断表現 ① 〉 を利用し、英語になおします。

---

❶ インターネット依存症になる

You can become addicted to the Internet.

+α You cannot leave your room when using the Internet all the time.
　四六時中インターネットをいじって、部屋に引きこもってしまう恐れがある。

続いて、主張の根拠となるインターネットのメリット 2 点を改めて見ていきましょう。

❝ インターネットのメリット

まずは、**たくさんの情報を容易に入手する**ことができます。**知りたい情報を簡単に調べることができる**こともメリットでしょう。〉┼・便利な横断表現 ③ 〉を利用します。

❷ **たくさんの情報を容易に入手できる**

You can get a lot of information easily through the Internet.

+α You can easily search for information that you want through the Internet.
知りたい情報をインターネットで簡単に調べられる。

続いて、**様々なコミュニケーション機能を使用する**ことができます。メールや Skype のような電話機能で、世界中の人とつながることが可能になります。以上を 〉┼・便利な横断表現 ④ 〉を利用し、英語にします。

❸ **コミュニケーション機能**

The Internet offers various communication tools.

+α You can communicate with people around the world by video telephone or e-mail.
テレビ電話やメールで、世界中の人とコミュニケーションが取れる。

以上を基に、模範解答を作成します。

模 範 解 答

I think the Internet has been the biggest change. It is true that there are a few negative points to the Internet. **❶You can become addicted to the Internet**. You cannot leave your room when using it all the time. However, there are more positive aspects to the Internet.

First, **❷you can get a lot of information easily through the Internet**. You can easily search for information that you want.

Second, **❸the Internet offers various communication tools**. You can communicate with people around the world by video telephone or e-mail.

For these reasons, I believe the Internet has been the biggest change.

(102 words)

全訳　私はインターネットが最大の変化だと思う。確かに、インターネットにはいくつかのマイナスの点がある。**❶インターネットに依存する可能性がある**。ずっと使って部屋から出てこられなくなる。しかし、インターネットにはもっと多くの良い点がある。

　　第一に、**❷たくさんの情報を容易に入手することができる**。欲しい情報を容易に検索することができる。

　　第二に、**❸インターネットは様々なコミュニケーションの道具を提供している**。テレビ電話やメールで世界中の人とコミュニケーションを取ることができる。

　　これらの理由から、インターネットが最大の変化だと思う。

ここでチェック! ▶ 別冊 p. 22　解答の筋道と論拠

問題文の全訳

　テクノロジーが多くの点で私たちの生活を変えてきた。最大の変化は何だと思うか。

50 最高のプレゼント

テーマ

Please write around 100 words on the following topic, using your English.

What is the best present you have ever received?

　第3章 **42** で扱った「**一番好きなもの**」のテーマの、「**プレゼント**」版です。一番好きな本・場所・季節に次いでプレゼントについて説明します。

❝ 今までで最高のプレゼント

　大学生になるまでにもらうプレゼントの代表例で言うと、クリスマスプレゼントや誕生日プレゼントになると思います。しかし、これらのプレゼントは毎年受け取るものなので、もっと印象的なプレゼントを挙げましょう。実際にそういう機会があったかどうかはさておき、模範解答では、**転校の際にクラスメートからもらったプレゼント**を取り上げます。ここまでを英語にします。

> **❶ 転校するときにもらったプレゼント**
> The best present I have ever received is the one I got when I had to change schools.

　親の都合で転校や引っ越しをせざるを得ない時、親しんだ環境や仲間と離れることに誰しも寂しさを感じるものです。そんな時に、クラスメートからもらった寄せ書きなどのプレゼントは、まさに一生大切にできるプレゼントになるでしょう。実際に、私自身も教える仕事をしていると、受験を終えた生徒たちから手紙や寄せ書きをもらうことが多いのですが、生徒たちからの手紙や寄せ書きは、一生大切にするプレゼントになります。

❷ 父の仕事の都合で引っ越しをしなければならなかった

> My family had to move to another city because of my father's job. I enjoyed my school days and had very good friends. I was very sad when I heard I had to move to another school. However, my classmates gave me a card with many messages. This present is the best I have ever received. It changed my sad feelings into happy ones.

以上を基に、模範解答を作成します。

模 範 解 答

❶The best present I have ever received is the one I got when I had to change schools. ❷My family had to move to another city because of my father's job. I enjoyed my school days and had very good friends. I was very sad when I heard I had to move to another school.

However, my classmates gave me a card with many messages at a farewell party. It changed my sad feelings into happy ones. I will never forget the time when I got the present. This present is the best I have ever received.

(97 words)

全訳 ❶私が今までに受け取った最高のプレゼントは、転校しなければならない時に受け取ったものだ。❷私の家族は父親の仕事が原因で、他の街に引っ越さなければならなかった。私は学校生活が楽しくて、とても仲のいい友人たちがいた。転校しなければならないと聞いた時、とても悲しかった。

しかし、私のクラスメートはお別れ会の時に多くのメッセージつきのカードを贈ってくれた。それは私の悲しい気持ちを幸せな気持ちに変えてくれた。そのプレゼントを受け取った時のことを決して忘れないだろう。このプレゼントが、私が今までに受け取った中で、最高のプレゼントだ。

ここでチェック！▶ 別冊 p. 22　解答の筋道と論拠

問題文の全訳

　次の質問に対して、100 語程度の英語で自分の意見を書きなさい。

今まで受け取った中で最高のプレゼントは何か。

51 人生で誇れること

Please write around 100 words using your English on the following topic. Try to think of ideas and evidence to support your opinion.

Describe something that you have done in your life that you are proud of.

★★

「人生で誇りに思えることは何か」というテーマです。これも、大学に入る前までを想定して、解答を用意します。高校生までだと、**部活動**や**受験**などをあげられるでしょう。部活動で頑張った経験は素晴らしいですし、私自身もとても良い思い出があります。しかし、部活動をやっていない人たちも大勢いるので、ここでは**高校受験**に絞って、話を進めます。第3章の**44、46** で使用した である「**高校入試で準備不足で第一志望に落ちた経験**」を、利用しましょう。中高一貫校に通っている方々は、高校を中学に変えてください。

❝ 人生で誇れること

受験がなぜ大変なのかというと、**落ちる可能性があるから**でしょう。実際に、多くの受験において受かる人と落ちる人がいます。確かに、第一志望校に受かるのが理想です。しかし、**人生常に第一志望とばかりはいかないもの**です。重要なのは、**失敗したとき、挫折を経験した後にどうするか**なのです。ここまでを英語にします。

❶ **私は高校受験の経験を誇りに思う。**

> I am proud of my experience of taking the high school entrance examination. Unfortunately, I was not able to get the first choice of school. However, you cannot always get your first choice. **What is important is how you react after you fail.**

では、**失敗したときにどうしたら良いのか**を説明します。**挫折から立ち上がって、前に進むことが大切**になります。どんな受験であろうと、長い人生においては1つの通過

点にすぎません。どの試験であろうと、それで人生のすべてが決まってしまうわけではありません。**一度の挫折で自分の可能性を見失わずに、再び立ち上がり、挑戦を続けることが大切**です。英語にします。

❷ 挫折から立ち上がって、前に進むことが大切

It is important to get up after failure and move forward. Whether you pass or fail an examination, your life goes on. It is important not to lose out on possibilities, but to get up again, and keep on going.

Certainly, I failed the entrance examination for my first choice of school. However, I am proud that I got up after the failure and went ahead.

この表現も、＞┼・便利な横断表現〉として様々なテーマに応用できます。

┼ 便利な横断表現 ⑯　**失敗から立ち上がって、前に進むことが大切**

It is important to get up after failure and move forward. It is important not to lose out on possibilities, but to get up again, and keep on going.

以上を基に、模範解答をまとめます。

模 範 解 答

❶I am proud of my experience of taking the high school entrance examination. Unfortunately, I was not able to get the first choice of school. However, you cannot always get your first choice. What is important is how you react after you fail.

❷It is important to get up after failure and move forward. Whether you pass or fail an examination, your life goes on. It is important not to lose out on possibilities, but to get up again, and keep on going.

Certainly, I failed the entrance examination for my first choice of school. However, I am proud that I got up after the failure and went ahead.

(109 words)

188

全訳　❶私は高校入試での経験を誇りに思う。残念ながら私は、第一志望校に受かることができなかった。しかし、いつも第一志望を手に入れられるとは限らない。重要なのは、失敗した後にどうするかだ。

　❷立ち上がって前に進むことが重要だ。試験に受かろうと落ちようと、人生は続いていく。自分の可能性を見失うのではなくて、再び立ち上がり、進み続けることが重要だ。

　確かに、私は第一志望校には受からなかった。しかし、挫折から立ち上がり、前に進んだことを誇りに思っている。

ここでチェック! ▶ 別冊 p. 22　解答の筋道と論拠

問題文の全訳

　次の話題に関して 100 語程度の英語で自分の意見を書きなさい。自分の意見を支持するアイデアや根拠を考えなさい。

　今までの人生で誇りに思えることを書きなさい。

52 世界を変えられるなら何をするか

テーマ

If you could change one thing in your local community, Japan, what would you change? <u>Write an essay in English using about 80 words</u>, telling readers what you would change, and why you think it needs to be changed.

　世界を変えられるなら何を変えたいか？　というテーマです。問題文では、自分の住んでいる地域・日本・世界という選択肢があります。本問をきっかけに、試しに世界に目を向けてみましょう。確かに、日本でも解決しなければいけない困難がたくさん存在しています。苦しい状況の中、生きている人たちもたくさんいます。しかし、世界に目を向けてみると、**ただただ日本に生まれ、日本で生活できていることがどれほどありがたいのか**に気づかされることがたくさんあります。

　世界の貧困問題から発する多くの問題には目を覆うほど悲惨な事件がたくさんあります。それに加えて、多くの苦しみを生み出すものは、戦争でしょう。**世界を変えられるなら、戦争をこの世からなくしたいというのは、多くの人の願いでしょう。**ここまでを英語になおします。

❶ 世界を変えられるなら、戦争をこの世からなくしたい
　If I could change one thing in the world, I would eliminate war in the world. Nothing is as disastrous as war.

　続いて、**戦争をなくしたい理由**を説明していきます。**戦争がなぜ悲惨であるかというと、一番弱い立場にある子供が犠牲になることです。**ただ、その国・その時代に生まれたというだけで、本人には何の責任もないのに、生きるか死ぬかのギリギリの生活を強いられます。時に、非常に幼くして奪われる命もたくさんあります。どうあっても、大人の勝手な事情で何の罪もない子供の命が奪われてはいけないのです。ここまでを英語にします。

❷ 戦争の最大の犠牲者は子供たちだから

In war, children who are not guilty at all will become victims. They should not be blamed at all. They are often killed in war because they are the weakest. In any case, children who are innocent must not be killed because of adult issues.

では、以上を基に模範解答を作成します。

模 範 解 答

❶If I could change one thing in the world, I would eliminate war in the world. Nothing is as disastrous as war.

❷In war, children who are not guilty at all will become victims. They should not be blamed at all. They are often killed in war because they are the weakest. In any case, children who are innocent must not be killed because of adult issues.

I hope there will be no more war in the world someday.　　(79 words)

全訳　　❶もし１つだけ世界を変えられるとしたら、戦争をこの世からなくしたい。戦争ほど悲惨なものはない。

　　❷戦争では、何の罪もない子供たちが犠牲者になる。子供に何の責任もない。子供が戦争で亡くなることが多いのは、最も弱い立場だからだ。どうあろうと、何の罪もない子供が大人の事情で殺されることはあってはいけない。

　　いつの日か戦争がこの世からなくなることを願う。

ここでチェック!　別冊 p. 23　解答の筋道と論拠

問題文の全訳

　自分の住んでいる地域や日本そして世界で、たった１つ変えられるとしたら何を変えたいか。80 語程度の英語で、何を変えたいか、そしてなぜ変える必要があるのかを明示して書きなさい。

53 無人島に水以外で何を持っていくか

テーマ

あなたは、今回、無人島（desert island）に、1週間ほど1人で行くこと になりました。十分な飲料水の他に、何か1つだけ持っていくとしたら、 あなたは何を持っていきますか。その理由を簡潔にまとめ、100語程度の 英語で書きなさい。コンマやピリオドは語数に含めません。

　無人島に水以外で何を持っていくかというテーマです。十分な飲料水の他にということなので、普通に考えると食料になりそうです。あるいは、マンガや本、現代ならば携帯電話もありうるでしょう。日常的に犬や猫を飼っている人なら、ペットという答えもあるかもしれません。**しっかりとした理由を英語で書くことができるか**が問題になります。

　この問いは、実は会社の面接などにも使用されることがあり、世界中でテーマとなることがあるので、良い機会ととらえて、思いを巡らせてみると良いでしょう。多くの人が、木の実や魚をさばくためのナイフ、暖をとったり、魚などを調理するためのマッチやライターをあげたりするそうです。中には、ドラえもんと答える人もいるそうで、独創的な点が評価されそうな回答になります。しかし、英作文では、この答え自体は正解・不正解の採点基準にはなりません。

　本書では、**食料**を解答にして、その説得力を高めるために、論じていきます。理由の1つ目としては、**水だけである程度は生きながらえることはできるが、栄養不足になり、不健康になってしまうこと**をあげます。ここまでを英語にします。

❶ 食料を持っていく。健康でいるため

I would take some food to a desert island. This is because we need food as well as water to stay healthy. It is true that we can survive for some time with only water. However, we need some food to be healthy.

語数の指示が、100 語程度で、もう少し内容を膨らませる必要があるので、他の意見にも言及しながら進めていきます。例えば、**本やマンガ、携帯電話などの娯楽用品**に話を展開しましょう。確かに、無人島で何もないまま 1 週間を過ごすと、発狂しそうになるかもしれませんが、生きていくのに必須のものではないと論じていきます。

❷ 娯楽用品は、生きていくのに必須ではない

Some people say entertainment goods, such as cell phones, books or comics are necessary. They say we need peace of mind as well as food and water. However, entertainment goods are not always necessary for us to survive.

以上を基に、模範解答をまとめます。

模 範 解 答

❶I would take some food to a desert island. This is because we need food as well as water to stay healthy. It is true that we can survive for some time with only water. However, we need some food to be healthy.

❷Some people say entertainment goods, such as cell phones, books or comics are necessary. They say we need peace of mind as well as food and water. However, entertainment goods are not always necessary for us to survive.

For these reasons, I would take some food to a desert island as well as enough water.

(98 words)

全訳　❶私は、無人島に食料を持っていくだろう。この理由は、健康を維持するのに水だけではなく食料も必要だからだ。確かに、水だけで一定の期間を生き延びることはできるかもしれない。しかし、健康でいるには食料も必要だ。

　❷携帯電話や本・マンガのような娯楽用品が必要だと言う人もいる。食料や水だけではなく心の平穏も必要だと言う。しかし、娯楽用品は私たちが生きるのに必ずしも必要ではない。

　これらの理由から、私は十分な水に加えて、無人島に食料を持っていくだろう。

ここでチェック!　別冊 p. 23　解答の筋道と論拠

54 ジェネレーションギャップの具体的説明

How is your generation different from your parents' generation? Provide specific examples to support your answer. Your answer should be about 100 words in English.

　自分の世代が親の世代とどう違うのかという**ジェネレーションギャップの具体的な説明**が求められています。価値観や生き方も違うなかで、何を取り出して、簡潔にまとめるかが重要になります。

　ジェネレーションギャップの一例として、「**家族のあり方が大きく変わったこと**」があげられるでしょう。晩婚化や少子高齢化がますます進んでいます。女性の社会進出もますます進んでいます。ここまでを英語にします。

❶ 家族のあり方が大きく変わったこと

How a family should be has changed over the last several decades. Late marriage and aging societies have spread more and more. Women have been entering the workforce.

　以前は、結婚するのが普通で、かつ、結婚したら女性は家庭に入って、家事や育児に専念するものでした。ここまでを英語にします。

❷ 以前は、結婚するのが普通だった

In the past, it was normal for us to get married. Also, after marriage, women used to give up their jobs to concentrate on their housework and child-rearing.

　現代では、そもそも結婚しない、そして結婚しても子供を望まない夫婦もいます。かつ、結婚してからも女性が働く共働きの家庭が増えています。こうした家族のあり方の

変化・価値観の変化は、まさに私たちと親世代のジェネレーションギャップの１つと言えるでしょう。ここまでを英語にします。

> ❸ **現代では、結婚しない、そして結婚しても子供を望まない夫婦もいる**
>
> However, some people today never get married throughout their lives. There are some couples who do not wish to have children. There are more and more double-income families. This is one of the generation gaps between us and our parents.

以上を基に、模範解答を作成していきます。

模 範 解 答

❶<u>How a family should be has changed over the last several decades</u>. Late marriage and aging societies have spread more and more. Women have been entering the workforce.

❷<u>In the past, it was normal for us to get married</u>. Also, after marriage, women used to give up their jobs to concentrate on their housework and child-rearing.

❸<u>However, some people today never get married throughout their lives. There are some couples who do not wish to have children</u>. There are more and more double-income families. This is one of the generation gaps between us and our parents.　(96 words)

全訳 ❶<u>家族がどうあるべきかがここ数十年で変化した。</u>晩婚や高齢化社会はますます広がっている。女性が労働市場で活躍を続けている。

❷<u>その昔、結婚することが普通であった。</u>また、結婚後は、女性は仕事を辞めて、家事や育児に専念したものだった。

❸<u>しかし、現代では、生涯結婚しない人もいる。子供を望まない夫婦もいる。</u>ますます共働きの家庭は増えている。これが、私たちと親とのジェネレーションギャップの１つだ。

ここでチェック! 別冊 p. 24 解答の筋道と論拠

問題文の全訳

　自分の世代と親の世代の違いは何か。解答の根拠となる具体例をあげなさい。100 語程度の英語で書きなさい。

55 十年後の自分

テーマ

Write an essay of approximately 100 words in English in answer to the following question: What do you expect to be doing ten years from now?

　十年後の自分はどうなっているかというテーマです。今まで複数の大学で出題されている内容ですが、実は第 3 章 **41** の**大学入学後にやりたいこと**の論拠を応用して解答を構成することができます。

　第 3 章 **41** のテーマを振り返ってみましょう。ここでは**弁護士になりたい**という表現を利用します。1 つの例ですが、十年後は弁護士になっているとします。大学で法律を学んで、自分の事務所を開業したとします。そして、困っている人や弱い立場の人を助けるために、仕事をしていると続けます。ここまでを英語にします。

❶ 弁護士として活動しているだろう

I will become a lawyer in ten years. I will study law at a university and join a famous law firm. After that, I will open my own office. I would like to help those who are in trouble and in a weak position.

　続いて、仕事の面だけではなく、プライベートな内容にも言及します。例えば、現在、読者の方が 18 歳であるならば、10 年後は 28 歳になっているので、**結婚して子供が生まれている可能性**もあります。ここまでを英語にします。

❷ 結婚して子供が産まれているだろう

I will get married and have a baby. I will get married to someone who I meet at university. After that, I will have a baby. My dream is to have a happy family.

以上を基に、模範解答を作成していきましょう。

模 範 解 答

My dream is to become a lawyer and have a happy family.

First, **❶I will become a lawyer in ten years**. I will study law at a university and join a famous law firm. After that, I will open my own law firm. I would like to help those who are in trouble and in a weak position.

Second, **❷I will get married and have a baby in ten years**. I will get married to someone who I meet at university. After that, I will have a baby. I will work very hard and raise my child. (97 words)

全訳 私の夢は弁護士になって幸せな家族を持つことだ。

第一に、❶私は十年後に弁護士になりたい。大学で法律を勉強して有名な弁護士事務所に所属したい。その後、自分の事務所を開業したい。困っている人や弱い立場の人を助けたい。

第二に、❷私は十年後に結婚して子供を持ちたい。大学で出会った人と結婚するだろう。その後に、子供を持つだろう。一生懸命働いて、子育てをしたい。

ここでチェック! 別冊 p. 24 解答の筋道と論拠

この解答はあくまで一例なので、他の職業を望む方は、**a lawyer** を自分の就きたい職業に変えるといいでしょう。解答の一例として参考にしてください。

問題文の全訳

次の質問に対する答えを 100 語程度の英語で書きなさい。

今から十年後に、あなたは何をしていると思いますか。

第 **4** 章

図表・グラフ・イラスト・4コマ・写真描写タイプの自由英作文

図表描写問題

図や表に書かれていることを読み取り、求められた内容に答える問題。

グラフ描写問題

グラフの数値を読み取り、求められた内容に答える問題。

イラスト・4コマ・写真描写問題

イラストや4コママンガや写真を基にして、求められた内容に答える問題。

56 図表描写問題（外国人に温泉の魅力を伝える方法）

Look at the pictograms (A) and (B), both of which represent a hot spring, and answer the following questions.

(A) (B)

(B)画像提供：Stickami / PIXTA（ピクスタ）

〔1〕Which pictogram do you think is more appropriate for tourists from overseas? Why do you think so? Write your answer in English. (around 60 words)

〔2〕What kind of action do you think local governments in Japan should take to attract more overseas tourists to Japanese hot springs? Introduce your own ideas. Write your answer in English. (around 60 words)

(神戸大学)

　図表描写問題を説明していきます。〔1〕の設問は、海外からの観光客にどちらのpictogram「絵文字」が適切かという問いです。理由を書いて、60語程度でまとめるのが解答の条件です。

　(A)と(B)の選択では、(B)を選びます。(A)だと人の姿がなく、単純に何かから湯気が出ているイラストなので、❶ 温かい食べ物や飲み物を表している可能性もあります。一方で、(B)ならば、❷ 人の姿と湯気があり、人の体を温めているイラストなので、温泉のイラストとわかるでしょう。ここまでを英語にして、模範解答を作成します。

〔1〕模 範 解 答

The pictogram (B) is more appropriate for tourists from overseas. **❶They may understand that the pictogram (A) means something hot. However, it may be something hot to drink or eat**.

On the other hand, **❷pictogram (B) shows some people in the picture in addition to something hot**. Foreign people will know it means a hot spring.

(56 words)

全訳　(B)の絵文字の方が海外からの観光客に適している。❶彼らは(A)が熱いものを意味していると理解できるだろう。しかし、それは熱い飲み物や食べ物であるかもしれない。

　一方で、❷(B)の絵文字は熱いものに加えて、絵の中に人がいることを示している。外国の人はそれが温泉を意味するとわかるだろう。

　続いて、設問の〔2〕を見ていきます。要約すると、**日本の地方自治体が、温泉に外国人観光客を招くために、何をするべきか**という問いです。第 3 章 **43 訪日外国人観光客におすすめの場所**のテーマと近い内容です。

　まずは、日本人には共通認識になっている**❶ 温泉の効能を外国人に伝える努力をする**ことでしょう。リラックス効果がある、疲れを癒す効果がある、いくつかの疾病にプラスの作用があるといったことを紹介しましょう。**あとは❷ それらの情報を、地方自治体の Twitter、Facebook などの SNS やホームページ上で紹介**することで、宣伝することを提案します。ここまでを英語にして、模範解答を作成します。

〔2〕模 範 解 答

❶<u>Local governments should let foreign tourists know the benefits of a hot spring</u>. Taking a hot spring makes you feel relaxed, relieves your fatigue, and has positive effects on some diseases. ❷<u>Local governments can introduce such information on their homepage, Twitter, and Facebook</u>. If foreign tourists know the health benefits of a hot spring, they will be more likely to experience it.

(62 words)

全訳 ❶<u>地方自治体は、温泉の効能を外国人観光客に宣伝するべきだ。</u>熱い温泉につかることで、リラックスして疲れを癒し、いくつかの病気には良い効果もある。❷<u>地方自治体は、そのような情報をホームページ、Twitter、Facebook に紹介できる。</u>もし外国人観光客が温泉の効能を知れば、それを経験してみたくなるだろう。

ここでチェック! 別冊 p. 24　解答の筋道と論拠

問題文の全訳

　絵文字の(A)と(B)を見なさい。両方とも温泉を表している。次の質問に答えなさい。

〔1〕海外からの観光客に、どちらの絵文字が適していると思いますか。なぜそう思いますか、60 語程度の英語で答えなさい。

〔2〕日本の地方自治体が、日本の温泉に海外の観光客をさらに多く招くのに、どんな種類の行動をとるべきだと思いますか。自分の考えを 60 語程度の英語で書きなさい。

57 グラフ描写問題（女性の社会進出への賛否）

〔A〕次のグラフが示す 1971 年と 2011 年における、我が国の女性の労働人口比率の特徴を、100 語程度の英語で簡潔に書きなさい。コンマやピリオドは語数に含めません。

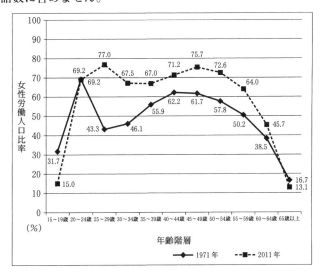

（総務省統計局　労働力調査）

〔B〕我が国の女性の就労は今後どうあるべきだと考えますか。その理由を含めて 90 語程度の英語で書きなさい。コンマやピリオドは語数に含めません。

（広島大学）

　本問は、第 2 章の **08 の少子高齢化社会の対策**、**09 の男女平等を推進する方法**で扱った内容と関連があるので、セットで押さえておきましょう。

　本問はグラフ描写問題なので、グラフを描写する際の表現から確認していきます。まず「増える」・「減る」は、**increase** と **decrease** で表します。続いて、増減の程度が「著しい」場合は **dramatically**、「徐々に」の場合は **gradually** で表します。

　さらに、**増減のない安定した様子**は、**remain stable** としましょう。

「最高点に達する」は、**hit the highest point**、「最低点に達する」は **hit the lowest point** になります。ここまでをまとめます。

グラフ描写問題の基本表現

❶ 増減を示す表現
  ・increase ⇔ decrease

❷ 増減の程度を示す表現
  ・dramatically「劇的に」⇔ gradually「徐々に」

❸ 増減のない安定した様子
  ・remain stable「安定したままだ」

❹ 最高点〔最低点〕に達する
  ・hit the highest point ⇔ hit the lowest point

では、グラフを見ながら、設問の〔A〕の解答を作成していきましょう。1971年の女性の労働人口比率で特徴的なのが、**20〜24歳と25〜29歳の間で数字が激減している点**です。20〜29歳というのは、当時の結婚する人が多かった年齢なので、結婚により退職していることが予想できます。現代より結婚の年齢が若かったこと、そして結婚後は仕事を辞めるのが当時は普通だったことが改めてわかります。ここまでを英語にしましょう。

❶ 1971年では、20〜24歳と25〜29歳の間で女性の労働人口比率が激減している
  This graph shows that in 1971 the percentage of working women between the 20-24 and 25-29 age groups decreased dramatically. This is because in those days, women tended to marry earlier than now. Additionally, it was common for women to quit their jobs after marriage.

続いて、2011年のグラフを見ると、こちらは対照的に、**20〜24歳と25〜29歳の間での女性の労働人口比率が増えています**。これは晩婚化が進んだこと、そして結婚後も働く女性の数が増えたことを意味します。ここまでを英語にします。

> ❷ **2011 年では、20〜24 歳と 25〜29 歳の間で女性の労働人口比率が増えている**
>
> **In 2011, the percentage of working women increased in the same age groups.** This is because women tended to marry later than before. In addition, women were encouraged to enter the workforce. Also, it became easier for women to continue working after marriage.

それでは、以上を基に模範解答を作成します。

〔A〕模 範 解 答

This graph shows that ❶<u>in 1971 the percentage of working women between the 20-24 and 25-29 age groups decreased dramatically</u>. This is because in those days, women tended to marry earlier than now. Additionally, it was common for women to quit their jobs after marriage.

On the other hand, ❷<u>in 2011, the percentage of working women increased in the same age groups</u>. This is because women tended to marry later than before. In addition, women were encouraged to enter the workforce. Also, it became easier for women to continue working after marriage.

(92 words)

全訳　このグラフは、❶1971 年には 20〜29 歳の働いている女性の比率が劇的に減少したことを示している。この理由はその当時女性が現代より早く結婚する傾向にあったからだ。さらに、女性が結婚後に仕事を辞めることが普通だった。

　一方で、❷2011 年には働いている女性の比率が同じ年齢のグループで増加した。この理由は、女性が以前よりも結婚が遅くなる傾向にあるからだ。さらに、女性が働くように促されてきた。また、女性が結婚後も働き続けることがより簡単になった。

続いて、〔B〕の設問を見ていきます。「我が国の女性の就労は今後どうあるべきか」という問いなので、女性の社会進出を取り巻く問題を見ながら考えていきましょう。まずは、女性の社会進出の推進は、**男女平等の理念に沿う**ことがあげられます。男性が仕事で女性が家事・育児という役割分担と共に、**男性も仕事・家事・育児を女性と共有する**という分担もあってもいいと思います。それから、**優秀な女性がたくさんいるので**、結婚や出産後も、望めば働ける社会であるべきでしょう。例えば、女性が消費の中心にいる市場もたくさんあるので、女性ならではの視点で、**市場のニーズをつかむこともできる**ようになるでしょう。ここまでを英語にします。

女性の社会進出

❶ 男女平等の理念に沿う

The movement to encourage women to enter the workforce fits the equality of the sexes. It helps employ talented people. There are many excellent women. It also encourages companies to grasp market needs more effectively. There are some areas in which women are the main consumers.

続いて、女性の社会進出のデメリットを見ていきます。何事も、功罪というプラスの観点とマイナスの観点を持つようにしましょう。女性の社会進出が進むにつれて、晩婚化・非婚・それから子供を持たない夫婦も増えてくるので、**少子化が進む可能性や、共働きの増加により子育てとのバランスを取りづらい**という懸念があります。ここまでを英語にします。

女性の社会進出から生じる課題

> ❷ 少子化が助長される可能性、仕事と子育ての両立の困難
> It might make the national birthrate even lower because balancing work and child-rearing is difficult.

　最後に、**女性の社会進出に賛成の立場を取る**として、どのようにそれを実現するかが問題になります。1つに、**企業が男性の育児・家事参加を促すこと**、それに伴い、**男性の育児休暇を積極的に奨励すること**があげられます。これは、第2章 **08** の論拠❷を利用します。

女性の社会進出を実現する方法

> ❸ 企業による育児支援、父親の育児休暇の奨励、会社に託児所を設置
> Companies should help their employees raise their children. They should also promote paternity leave and set up day-care centers in their facilities.

　少子高齢化や男女平等、女性の社会進出などに幅広く使用できる表現なので、〉＋ 便利な横断表現〉としてまとめます。

┿ 便利な横断表現 ⑰ 〉 **企業による育児支援、父親の育児休暇の奨励、会社内託児所の設置**

Companies should help their employees raise their children. **They should also** promote paternity leave and set up day-care centers in their facilities.

　では、以上を基に模範解答を作成していきましょう。

〔B〕模 範 解 答

The current movement to encourage women to enter the workforce should be promoted more. Some people say that **❷it might make the national birthrate even lower because balancing work and child-rearing is difficult**. However, it is not working women but rather Japanese society that is to blame. The social system has been inadequate for women to continue working after marriage and childbirth.

To solve these problems, **❸companies should help their employees raise their children**. They should also promote paternity leave and set up day-care centers in their facilities.

(88 words)

全訳　女性が働くように促す現在の活動は、もっと推進されるべきだ。**❷働くことと子育てのバランスを取ることは難しいので、女性が働くことで国の出生率を一層下げてしまうかもしれないと言う人もいる。** しかし、責められるべきは働いている女性ではなくて、日本の社会だ。社会制度が、女性が結婚後や産後に働き続けるのに不十分なのだ。

　こうした問題を解決するために、**❸企業は従業員の子育てを助けるべきだ。** また、父親の育児休暇を促して、会社の中に託児所を設けるべきだ。

ここでチェック！　別冊 p. 25　解答の筋道と論拠

続いてもグラフ描写問題で、**再生可能エネルギー**のテーマに進みます。

＊57（出典に関する詳細）
平成 26 年度広島大学一般入試（前期日程）外国語（英語）〔Ⅴ〕
〔A〕労働力調査 女性労働人口比率（総務省統計局）
〔B〕広島大学オリジナル

58 グラフ描写問題（再生可能エネルギーのメリット）

Read the text and answer the following questions.

There are several disadvantages to renewable energy. First, it is difficult to generate the quantities of electricity that are as large as those produced by traditional methods such as using coal, natural gas or nuclear energy. This may mean that we need to reduce the amount of energy we use or simply build more energy facilities.

The second problem with renewable energy sources is the reliability of supply. Renewable energy often relies on the weather for its source of power. Hydro generators need rain to fill dams to supply flowing water. Wind turbines need wind to turn the blades, and solar panels need clear skies and sunshine.

Third,

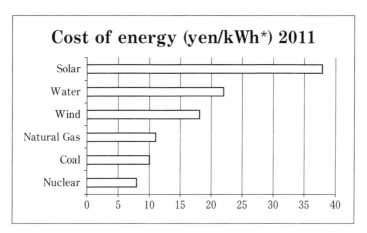

Figure 1 (Adapted from『日本経済新聞』2012 年 1 月 23 日夕刊)

(Note)　kWh: kilo watt hour

〔1〕Complete the last paragraph based on the data presented in Figure 1. Answer in English, using around 40 words.

〔2〕Despite all of these disadvantages, what advantages does renewable energy have compared to traditional energy sources? Answer in English, using around 50 words.

（神戸大学）

　今回のグラフ描写問題は、再生可能エネルギーに関するテーマです。第2章 **07** で扱った問題と関連があるので、論拠を応用し、横断して使えないかを確認してみましょう。設問〔1〕は、図1のデータを基に、最終（第3）段落を完成させよという問題です。空所に入る前の文章の流れを追うと、再生可能エネルギーは、欠点がいくつかあるという内容です。1つ目が、**電力量の確保の難しさ**、2つ目が**供給の不安定さ**で、3つ目が図1で示されているような**コストが高くつく**という点だとわかります。

　では、図1を具体的に見ていくと、まず**太陽光エネルギーの発電コストが非常に高い**ことがわかります。次に水力発電のコストが高く、風力発電ですら、従来の天然ガス・石炭・原子力発電に比べればコストが高いことがわかります。これを英語にして、模範解答を作成します。

〔1〕模 範 解 答

The cost of renewable energy sources is generally high. Solar energy costs the highest of all, followed by water power. Even wind power costs more than traditional energy sources, such as natural gas, coal and nuclear power. 　　　　　　(37 words)

全訳　再生可能エネルギーのコストは、全般的に高い。太陽光エネルギー発電はすべてで最も高く、次に水力発電が続く。風力発電でさえ、石炭・天然ガス・原子力のような従来のエネルギー源より高い。

　2 行目で使用している **S be followed by O** は、「**S** の次に **O** がくる」という順序を示す表現で、模範解答のように分詞構文でも使用できるので、覚えておきましょう。続いて、設問〔2〕に進みます。

　設問〔2〕では、**従来のエネルギー源と比べて**、**再生可能エネルギーの利点は何か**と聞かれています。すでに見てきたように、再生可能エネルギー源のメリット・デメリットを改めて整理します。

　まずは、エネルギー源を整理していくと、化石燃料と言われる石油・石炭・天然ガスに加えて、原子力があります。これらが従来からあるエネルギー源でしたが、**化石燃料は底をつきつつあり、原子力は大変危険なもの**です。そこで、代替エネルギー源として、太陽光・風力・水力に代表される再生可能エネルギー源が存在します。ここまでを英語表現と合わせてまとめると、以下のようになります。

❝ 3 つのエネルギー源

❶ 化石燃料　　　　　　fossil fuels
　⇒ 石油・石炭・天然ガス（**oil／coal／natural gas**）
❷ 原子力　　　　　　　nuclear power
❸ 再生可能エネルギー　renewable energy
　⇒ 太陽光・風力・水力（**solar power／wind power／water power**）

そして、**原子力のメリットを再確認します。**第2章07で扱ったように、大量の電気を供給できて、表からもわかる通り、**コストも安価**です。ここまでを英語で再確認します。

---

❶ **安定して大量の電気を供給できる。**他のエネルギーよりコストが安い

　Nuclear power can generate a large amount of energy.

　+α It costs less than other energy sources.

続いて、原子力のデメリットです。極めて危険なもので、チェルノブイリ原発の事故や、東日本大震災の時の福島第一原子力発電所の事故のように、事故が起きると、**人間も含んだ生態系に多大な被害を及ぼす**ことです。英語になおします。

---

❷ **原子力は極めて危険**

　Nuclear power is extremely dangerous.

　+α If major accidents happen at nuclear power plants, they have devastating effects on ecosystems in widespread areas.
　原子力発電所で重大な事故が起きると広範囲で生態系に悪影響を及ぼす。

「再生可能エネルギー」のテーマでは、非常に使いやすい表現なので、「**原子力は極めて危険**」を 〉✣・便利な横断表現〉 としてまとめます。

✣ 便利な横断表現 ⑱ 〉 **原子力は極めて危険**

Nuclear power is extremely dangerous. If major accidents happen at nuclear power plants, they have devastating effects on ecosystems in widespread areas.

続いて、**再生可能エネルギーのメリット**を見ていきます。

再生可能エネルギーのメリット

　こちらも、第 2 章 **07** で見た通り、**クリーンなエネルギーで環境にやさしい**というメリットがあげられます。**安全にエネルギーを産み出すこと**もメリットでしょう。そして、化石燃料と違い、**エネルギーの供給には限界がない**点もあげることができます。英語になおします。

---

❸ **クリーンなエネルギーで環境にやさしい**

　　Renewable energy sources are clean and eco-friendly.

+α　Renewable energy sources can generate power more safely than nuclear power.
　　原子力と比べると安全にエネルギーを産み出せる。

+α　Supplies of renewable energy sources are unlimited.
　　エネルギーの供給には限界がない。

　この表現も、使い回しのきく便利な表現なので、横断表現としてまとめます。

⊹ 便利な横断表現 ⑲ 　**再生可能エネルギーはきれいで環境にやさしい**

Renewable energy sources are clean and eco-friendly. They can generate power more safely than nuclear power. Also, supplies of renewables are unlimited.

　続いて、**再生可能エネルギーのデメリット**です。**供給が不安定でエネルギー量が足りない**という点があげられるでしょう。その他には、**エネルギーの産出コストが高い**ことがあげられます。

---

❹ **供給が不安定で量が足りない。価格が高い**

　　Energy supplies from renewable energy sources are unstable and insufficient.

+α　Some of them cost more.
　　再生可能エネルギーのいくつかは高くつく。

以上を基に、模範解答を作成します。

〔2〕模 範 解 答

Renewable energy sources have many advantages. First, ❸they are clean and eco-friendly. Second, ❸they can generate power more safely than nuclear power. ❷Nuclear power is extremely dangerous. Finally, ❸supplies of renewable energy sources are unlimited. This contrasts with the prediction that we will run out of oil someday.

(48 words)

全訳 再生可能エネルギーには多くの利点がある。第一に、❸きれいで環境にやさしい。第二に、❸原子力より安全に電力を産み出すことができる。❷原子力は極めて危険だ。最後に、❸再生可能エネルギーの供給は無限だ。このことは、石油がいつか枯渇するだろうという予測と反するものだ。

ここでチェック! 別冊 p. 25 解答の筋道と論拠

問題文の全訳

文章を読んで次の問いに答えなさい。

再生可能エネルギーには、いくつかの欠点がある。まず初めに、石炭・天然ガス・原子力のような従来のエネルギー源が作り出してきたのと同様の電力量を生み出すのが難しいということがあげられる。このことは、私たちが使用するエネルギー量を減らすか、単により多くのエネルギー施設を建設する必要があることを意味するかもしれない。

再生可能エネルギーの2番目の問題は、供給の安定性だ。再生可能エネルギーは、たいていは天候にそのエネルギー源を依存している。水力発電は、流水を供給するダムを満たすのに雨を必要としているし、風力発電は、羽を回転するのに風を必要としているし、太陽光パネルは、快晴の空と日光を必要としている。

3番目に、

〔1〕図1で提示されているデータに基づいて、最終段落を完成させなさい。40語程度の英語で答えなさい。

〔2〕こうしたあらゆる欠点にもかかわらず、再生可能エネルギーには、従来のエネルギー源と比べるとどんな利点があるか。50語程度の英語で答えなさい。

59 グラフ描写問題（日本の若者の自尊心の低さについて）

The chart below shows the responses to a survey of self-perceptions of young people from four countries. Write an essay of about 200 words in total, based on the following instructions:

〔1〕 Based on the graph below, compare the respondents' answers and describe how young Japanese people are similar and different to those from other countries.

〔2〕 Discuss possible ways the attitudes of young Japanese people could be changed.

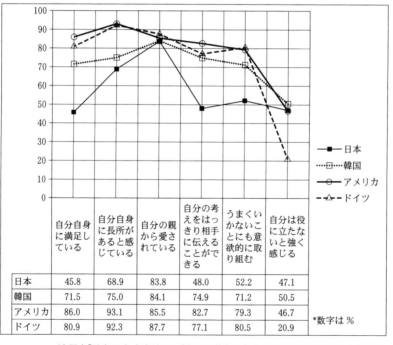

	自分自身に満足している	自分自身に長所があると感じている	自分の親から愛されている	自分の考えをはっきり相手に伝えることができる	うまくいかないことにも意欲的に取り組む	自分は役に立たないと強く感じる
日本	45.8	68.9	83.8	48.0	52.2	47.1
韓国	71.5	75.0	84.1	74.9	71.2	50.5
アメリカ	86.0	93.1	85.5	82.7	79.3	46.7
ドイツ	80.9	92.3	87.7	77.1	80.5	20.9

*数字は％

（内閣府『平成25年度我が国と諸外国の若者の意識に関する調査』(2014)より作成）

（富山大学　改）

　この調査書自体が、様々な大学で自由英作文の題材とされてきました。他国に比べて、日本の若者が著しく低い項目が、**自分への満足感**と、**自分の考えを相手に伝えられるか**と、**困難に意欲的に取り組むこと**です。自分に長所があると感じているという項目でも最下位になっています。これを英語で表現します。**be different from _A_ in _B_**「**A と B の点で異なる**」を使います。**in** は分野を表す **in** です。

❶ **自分への満足感、考えを相手に伝える、困難に意欲的に取り組むという項目が著しく低い**
> Young Japanese people are very different from other countries in self-satisfaction, expressing their own ideas, and facing challenges willingly. They rank the lowest in these three areas, as well as in their strongest points.

　続いて、**自分の親から愛されている**という項目、そして**自分は役に立たないと感じる**という項目も他国と同様で、この項目はドイツだけ著しく低くなります。ここまでを英語にします。**be similar to _A_ in _B_**「**A と B の点で似ている**」を使います。❶の表現と同様に、**分野の in** です。

❷ **自分の親から愛されているという項目、そして自分は役に立たないと感じるという項目も他国と同じ。**
> Japan is similar to other countries in the area that respondents feel love from their parents, and in the area that they have low sense of self-worth. In the last area, Germany came lowest.

　以上を基に、模範解答を作成します。

〔1〕模 範 解 答

❶Japan is very different from other countries in self-satisfaction, expressing one's own ideas, and facing challenges willingly. It ranks the lowest in these three areas. It also ranks the lowest in one's strongest point, but is also similar to South Korea in this area.

❷Japan is similar to other countries in the area that respondents feel love from their parents, and in the area that they have low sense of self-worth. In the last area, Germany came lowest.　(78 words)

> **全訳**　❶日本は、自己満足感、自分の考えの表現、そして困難に進んで取り組む点で、他国と非常に異なる。日本は、この3項目で最下位に位置する。また、長所があるという点でも最下位だが、その項目では韓国と似ている。
> ❷日本は、親から愛されている、そして自らが役に立たないと感じるという項目では他国と似ている。最後の項目では、ドイツが最下位だ。

　続いて設問〔2〕は、**日本の若者の態度を変える方法についてと**いうテーマです。**自己満足感が低い要因の1つに、親から自立していない若者がいること**があげられます。**自立するとは、可能な範囲で自分自身で生きていくこと**を意味します。自分の稼ぎの範囲で暮らし、親に依存しないことが、自尊心につながり、自己満足度が高くなるのです。ここまでを英語にします。

❶ 自己満足感が低い要因の 1 つに、親から自立していない若者がいることがあげられる

One of the main reasons why young Japanese people have low self-satisfaction is that some of them are not independent of their parents. Being independent of their parents means that they stand on their own as much as they can. By doing so, they can feel satisfied with themselves.

続いて、**自分の考えを相手に伝えられない、困難に意欲的に取り組めない点**を考察していきます。これも、**自信のなさ**が根本の原因としてあげられるでしょう。親から自立することで、少しずつ自信が芽生えてきます。そして、失敗しないで、うまくいくことばかり望むのではなく、失敗しながらも、自分の足で前に進むことの大切さを学んでいきます。

これにより、たとえ相手に嫌がられようとも、伝えるべきことを伝えられるようになり、困難にも意欲的に取り組むことができるようになります。ここまでを英語にします。

❷ 自分の考えを相手に伝えられない、困難に意欲的に取り組めないのも、自信のなさが根本の原因にある

One of the main reasons why they cannot tell others their opinions or face challenges willingly is that they lack confidence. Being independent of their parents will give them self-confidence little by little.
It will also enable them to express their opinions well and face challenges willingly.

以上を基に、模範解答を作成します。

〔2〕模 範 解 答

❶One of the main reasons why young Japanese people have low self-satisfaction is that some of them are not independent of their parents. Being independent of their parents means that young Japanese people stand on their own feet as much as they can. By doing so, they can feel satisfied with themselves.

❷One of the main reasons why they cannot tell others their opinions or face challenges willingly is that they lack confidence. Being independent of their parents will give them self-confidence little by little.

Young Japanese people are very different from other nationalities in self-satisfaction, expressing their own ideas, and facing challenges willingly. Being independent of their parents will enable them to express their opinions well and face challenges willingly. (121 words)

全訳 ❶日本の若者の自己満足感が低い主な理由の1つは、一部の若者が親から自立していないからだ。親から自立することは、日本の若者が自分にできる範囲で生活することを意味する。そうすることで、自己満足感を得ることができる。

❷他人に自分の意見が言えずに、困難に意欲的に取り組めない主な理由の1つは、自信がないからだ。親から自立することで、少しずつ自信を手にすることができる。

日本人の若者は、自己満足感、自分の意見を表現すること、困難に前向きに取り組む点で、他国とはまったく異なる。親から自立することで、自分の意見をしっかり表現できるようになり、困難にも前向きに取り組むことができるだろう。

ここでチェック！ 別冊 p. 25　解答の筋道と論拠

問題文の全訳

　下のグラフは、4 カ国の若者の自己認識に関する調査に対する回答を示している。次の指示に基づいて、全体で 200 語程度の文章で答えなさい。

〔1〕下のグラフに基づいて、4 カ国の回答を比較して、日本の若者が他の国の若者とどの点で似ていて、またどの点で異なるかを説明しなさい。

〔2〕日本の若者の態度を変えられる方法として可能性のあるものについて説明しなさい。

60 グラフ描写問題（高校でスマホを制限すべきか否か）

テーマ

次のグラフ「スマートフォンを使用していて起こったこと（対象者数857）」を参考にし、高校でスマートフォンの使用を禁止または制限すべきであるかどうかについて、あなた自身の考えを150語程度の英語で書きなさい。

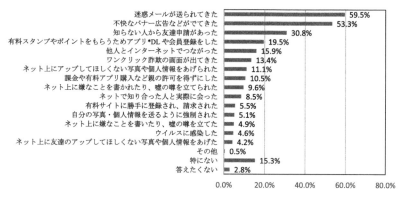

「高校生のスマートフォン利用実態調査（2016年）」（マカフィー×MMD研究所）より一部転載

（佐賀大学）

第1章・第2章で扱った **01 携帯電話の功罪**や **02 SNS の利点と欠点**と関連しますが、ここでのテーマは「**高校でスマホを制限すべきか否か**」になります。制限すべきという立場で書く方が書きやすいのですが、それを全面禁止にするか、一部制限にするかで意見が分かれるところだと思います。では、そもそも**なぜ高校でスマホの使用を制限すべきとするのか**から考えていきましょう。

高校でスマホを制限すべき理由

やはり、**授業中にスマホを見て教師の話を聞かなくなること**が真っ先にあげられるでしょう。授業中だけスマホの使用禁止とうたっても、教師に隠れてスマホを見ようとする生徒が必ず出てくるはずです。それならば、校内での使用を禁止にすることで、一律

の管理が可能になるでしょう。ここまでを英語にします。

---

❶ スマホを見て授業に集中しなくなるから

Using smartphones should be banned in high school because students use their smartphones during classes and they cannot concentrate. You might think you only have to limit their use during classes. However, some students try to use them so that teachers will not notice.

　続いて、グラフの項目を利用しつつ、第1章 **01 携帯電話の功罪**のテーマを利用していきます。〉⊹・便利な横断表現 ②〉を利用して**犯罪に巻き込まれる恐れ**があるという理由をあげます。ネットで知り合った人によって、トラブルに巻き込まれる恐れがあることや、グラフにあるように、違法サイトで気づかないうちにお金を請求されてしまう可能性があります。ここまでを英語にします。

---

❷ 犯罪に巻き込まれる恐れ

You might get involved in crimes using smartphones in high school. You might get into trouble with people you come to know on the Internet. You might be charged without notice by illegal sites.

　さらに、グラフの項目を利用すると、**ネット上に嫌なことを書いたり、嘘の噂を立てたりするという項目**は、**ネット上のいじめである cyberbullying** を指します。よって、**学校に持ち込むスマホが、いじめを助長するきっかけとなる可能性がある**ので、高校での使用は禁止とする意見の追加の根拠としてあげます。ここまでを英語にします。

❸ ネット上のいじめを助長する恐れ

Using smartphones in high school could encourage cyberbullying. Some students might write negative things or spread false rumors about someone on the Internet with their smartphones.

以上を基に、模範解答を作成します。

模 範 解 答

Smartphones must not be used in high school at all. **❶Using them should be banned in high school because students use their smartphones during classes and they cannot concentrate**. You might think you only have to limit their use during classes. However, some students try to use their smartphones secretly so that teachers will not notice. Therefore, using smartphones should be banned all the time in high school.

In addition, **❷students might get involved in crimes using smartphones in high school**. They might get into trouble with people they come to know on the Internet. They might be charged without notice by illegal sites.

Finally, **❸using smartphones in high school could encourage cyberbullying**. Some students might write negative things or spread false rumors about someone on the Internet with their smartphones.

For these reasons, using smartphones in high school should be banned.

(142 words)

全訳　　スマートフォンは高校ではまったく使ってはいけない。❶生徒が授業中にスマホをいじり、集中できないから、禁止すべきである。授業中の使用だけ制限すればいいと思うかもしれない。しかし、生徒の中には、教師が気づかないようにこっそりとスマホを使おうとする者もいる。それゆえ、スマホの使用は高校にいるときはずっと禁止にすべきだ。

　　さらに、❷生徒は高校でスマホを使用することで、犯罪に巻き込まれることがある。ネット上で知り合った人とトラブルに巻き込まれるかもしれない。違法サイトに気づかないうちに、お金を請求されるかもしれない。

　　最後に、❸高校でスマホを使うことは、ネット上のいじめを助長する可能性がある。生徒の中には、スマホを使ってネット上に否定的なことを書き込んだり、人の嘘の噂を書き込んだりする者もいるかもしれない。

　　これらの理由から、高校でスマホを使用することは禁止すべきだ。

ここでチェック!　別冊 p. 26　解答の筋道と論拠

61 イラスト描写問題

下の絵に描かれた状況を自由に解釈し、40〜50語の英語で説明せよ。

(東京大学)

イラスト描写問題は、3つのステップで攻略していきます。**第1のステップ**は、**イラストを文章化すること**です。具体的に、上の問題でイラストを文章化してみましょう。**登場人物を中心に描写**します。まずは、All About UFOs と書かれた本を男の子が読んでいます。次に、女の子が、窓の外の UFO を指して、男の子に何かを叫んでいます。最後に、窓の外を UFO が飛んでいます。ここまでをまとめます。

第1のステップ＝イラストを文章化する

❶ 男の子が **All About UFOs** と書かれた本を読んでいる。

❷ 女の子が窓の外の **UFO** を指さして、男の子に何かを叫んでいる。

❸ **UFO** が空を飛んでいる。

続いて、**第2のステップ**が、前後のつながりを意識して、字数に合うように状況をつけ足していくことです。第1のステップで文章化したものを、**順序を考えて並べていき**ます。

女の子が、窓の外で UFO が飛んでいるのを発見します。彼女はとても驚いて、本を読んでいる男の子に話しかけます。「ほら、外を見て、UFO が飛んでいるよ！」といった具合に、文脈を作っていきます。ここまでをまとめます。

❝ 第2のステップ＝前後のつながりを意識して、字数に合うように状況をつけ足す

❶ 女の子が、窓の外で **UFO** が飛んでいるのを発見した。

　　↓

❷ 彼女はとても驚いて、**All About UFOs** というタイトルの本を読んでいる男の子に話しかけた。

　　↓

❸ 窓の外を指さして、「外を見て、空に **UFO** が飛んでいるよ」と言った。

では、最後にあたる**第3のステップ**で、**第2のステップ**の日本語を英語になおしていきます。これが、模範解答になります。

❝ 第3のステップ＝日本語を英語になおす ⇒ 解答完成

模 範 解 答

❶<u>A girl saw through the window a UFO in the sky.</u> ❷<u>She was very surprised and spoke to a boy who was reading a book titled "All About UFOs."</u> ❸<u>She pointed to the UFO and said to him, "Look outside! There's a UFO in the sky!"</u>

(46 words)

このように、**イラスト描写問題**は、(1)**イラストの文章化**、(2)**前後の文脈を考えて並べる**、(3)**日本語を英語になおす**の手順で攻略していきましょう。次のイラスト描写問題に進みます。

62 イラスト描写問題

下の絵に描かれた状況を簡単に説明したうえで、それについてあなたが思ったことを述べよ。全体で 60〜80 語の英語で答えること。

(東京大学)

イラスト描写問題のステップを確認します。まずは、**第1のステップが、イラストを文章化すること**でした。上のイラストを登場人物を中心に文章化していきます。**長袖のシャツを着た男性が、鏡に映ったものを見て、驚いています。鏡に映った自分の顔は、舌を出して、右目をつむっています。その顔は、実際の顔とは異なるものです。**ここまでをまとめます。

❝ 第1のステップ =イラストを文章化する

> ❶ 長袖のシャツを着た男性が鏡に映ったものを見て、驚いている。
> ❷ 鏡に映った自分の顔は、舌を出して右目をつむっている。
> ❸ それは実際の顔とは異なる。

続いて、**第2のステップ**として、前後のつながりを意識して、字数に合うように状況をつけ足していきます。問題の指示にあるように、イラストの状況を描写したのちに、想像しながら状況を加えていきます。例えば、**この鏡は魔法の鏡である**と仮定します。**人の真実の姿を映し出し、自分の客観的な姿のみならず自分の内面を映し出す特別な鏡**だとします。ここまでをまとめます。

第 2 のステップ ＝前後のつながりを意識して、字数に合うように状況をつけ足す

④ この鏡は、特別な魔法の鏡である

　　↓

⑤ 人の真実の姿を映し出す

　　↓

⑥ その鏡は、人を客観的に映すだけでなく内面を映し出す

最後にあたる**第 3 のステップ**で、日本語を英語になおして、模範解答の完成です。

第 3 のステップ ＝日本語を英語になおす⇒ 解答完成

模 範 解 答

❶The man wearing a long-sleeved shirt is surprised to see what is shown in the mirror. **❷**It is the man himself, who is sticking his tongue out with his right eye closed. **❸**It is different from the man's real face.

　❹The mirror is a special magic mirror and **❺**shows the man's real self. **❻**It reflects your image as well as your inner self.

(63 words)

続いて、**4 コマ描写問題**に進みます。

63 ４コマ描写問題

次の４コマ漫画がつじつまの合った話になるように２、３、４コマ目の展開を考え、後掲の１コマ目の説明文にならって２、３、４コマ目に対応する説明文をそれぞれ１文の英語で書け。

注意１　吹き出しの中に入れるべき台詞（せりふ）そのものを書くのではない。

注意２　１コマ目の説明文同様、直接話法を用いないこと。

１コマ目の説明文例：Susan's father was reading a newspaper when he noticed her happily getting ready to go out, so he asked her where she was going.

（東京大学）

　４コマ描写問題も、いくつかの大学で出題されます。もっとも、基本はイラスト描写問題と同様の解法で問題はありません。違いは、**４枚のストーリーのつながりを考える**

点です。それでは、さっそく2〜4コマのイラストの描写をしていきましょう。

　まず1コマ目で、「スーザン、嬉しそうだね。どこに行くの？」と女性が父親から尋ねられています。2コマ目では、**その問いに幸せそうな表情で返答しているので、楽しい内容を想像しましょう。例えば、ボーイフレンドと映画に行くというシーンを設定します。**続いて、3コマ目は、場面が、**窓の外に太陽が出ている日中から、月が出ている夜間**に変わります。父親が「おかえり。落ち込んでいるようだけど、どうしたの？」と、女性に声をかけているのではと想像します。4コマ目は、**帰宅したであろう女性は少し落ち込んだ表情をしていることから、ボーイフレンドと観た映画がつまらなかったと想像**します。ここまでをまとめます。

第1のステップ ＝吹き出しのセリフを日本語で考える

2　ボーイフレンドと映画を一緒に見てくるわ。
3　おかえり。落ち込んでいるようだけど、どうしたの？
4　映画が全然面白くなかったの。

第2のステップで、上のセリフを基にした状況を**英語で説明**します。

第2のステップ ＝状況を英語で説明する ⇒ 解答完成

模 範 解 答

2　She told him that she went to see a movie with her boyfriend.

3　When she returned home, she looked disappointed.

4　She told him that the movie was not interesting at all.

> 問題文の1コマ目の説明文例の全訳
> スーザンの父親が新聞を読んでいると、彼女が幸せそうに外出の準備をしているのに気づいて、どこに行くのかと尋ねた。

64 写真描写問題

In English, write around 100 words about the picture. *Correctly* indicate the number of words you have written at the end of the composition.

(一橋大学　改)

写真描写問題のコツ

　写真描写問題のコツから紹介していきます。まずは**写真を平面的に横でとらえて、写真の中央・左右・上下に何があるか**を描写します。続いて、**写真を奥行き方向に観察して、写真の前後に何があるか**を描写します。以上の表現を英語でまとめます。

写真描写問題の基本表現

- 写真の中央に〜がある。

  There is〔are〕〜 in the middle of the picture.

- 写真の左側〔右側〕に〜がある。

  On the left〔right〕, 〜 .

- 〜の奥〔前〕に、…がある。

  Behind〔In front of〕〜 , … .

　この写真に当てはめていくと、まずはほぼ中央に1人の男性が海岸沿いに座っています。**人物を中心に描写していく**のも、1つのコツです。そして、その男性は帽子をかぶってコートを着ています。かつ寒そうに腕を組んでいます。服装からすると、季節は冬のようです。それから、写真左の箱の上に袋があり、食べ物か飲み物などが入っているかもしれません。ここまでを英語にします。

❶ 写真中央に、1人の男性が海岸沿いに座っている

There is a man sitting along the shore in the middle of the picture. He is wearing a coat and hat. It seems that he feels cold with his arms folded as it is winter. On the left, there is a plastic bag containing something to eat or drink.

　続いて、写真奥には、海が広がり、空中を複数の鳥が飛んでいます。海の向こうには山並みが広がっています。ここまでを英語にします。

❷ 男性の後ろには、海が広がっている

Behind the man, you can see the sea. Some birds are flying above the sea. In the distance, you can see the mountains.

　以上を基に、模範解答を作成します。

模 範 解 答

❶<u>There is a man sitting along the shore in the middle of the picture</u>. He is wearing a coat and hat. It seems that he feels cold with his arms folded. Considering this, it is likely that this picture was taken in winter. On the left, there is a plastic bag on something like a box. It might contain something to eat or drink.

❷<u>Behind the man, you can see the sea</u>. Some birds are flying above the sea. In the distance, you can see the mountains stretching to both sides of the picture. (94 words)

全訳 ❶<u>写真中央に、1人の男性が海岸沿いに座っている。</u>コートと帽子を身につけている。腕を組んだままで寒そうに見える。これを考慮すると、写真は冬にとられた可能性がある。写真の左には、箱のようなものの上にビニール袋がある。中に食べ物か飲み物が入っているのかもしれない。

❷<u>男性の後ろに、海が見える。</u>数羽の鳥が海の上を飛んでいる。海の向こうには、写真の両側に広がっている山並みが見える。

ここでチェック！ 別冊 p. 26 解答の筋道と論拠

問題文の全訳

　この写真について、100 語程度の英語で書きなさい。文の終わりに、使用した語数を正確に示しなさい。

65 写真描写問題

テーマ

下に示す写真の左側の人物を X、右側の人物を Y として、二人のあいだの会話を自由に想像し、英語で書け。分量は全体で 60〜70 語程度とする。どちらが話しているかわかるように、下記のように記せ。X と Y のどちらから始めてもよいし、それぞれ何度発言してもよい。

X: -------------------------　　Y: -------------------------　　X: -------------------------

Y: -------------------------

（東京大学）

　本問のように会話を考える場合、写真描写問題も、イラスト描写問題と根本は同じです。まずは、**写真を日本語で、登場人物を中心に文章化**していきます。続いて、**文脈をつけ加えて内容を整理**していきます。それでは、さっそく写真を文章化していきます。

まずは**帽子をかぶった男性が**、リュックを片方の肩にかけて、椅子に腰をかけて、手を耳に添えています。右側の帽子をかぶった女性が、林の中を指さして、男性に何かをささやいています。ここまでをまとめます。

第1のステップ =写真を文章化する

❶ 帽子をかぶった男性が、リュックを片方の肩に背負って、手を耳に添えて、椅子に腰かけている。
❷ 帽子をかぶった女性が、林の中を指さして、男性に何かをささやいている。

続いて、前後のつながりを想像して、字数に合うように会話を作っていきます。まずは右側の女性（Y）から、「今日は良い天気ね」と話しかけます。続いて、左の男性（X）が、「そうだね、太陽を浴びて、とても気持ち良いよ」と返します。次に、女性が「木の上で鳥がさえずっているわ、あれ見える？」と男性にききます。男性は、「目が悪くて、ちょっとよく見えないなあ」と返します。再度女性が、「あそこよ、あそこ。とてもきれいなさえずりよ」と続きます。最後に男性が、「わかった。耳を澄まして、その鳥のさえずりを聞いてみるよ」と返します。ここまでをまとめます。

第2のステップ =前後のつながりを意識して、字数に合うように会話を作り出す

Y：「今日は良い天気ね」
X：「そうだね。太陽を浴びて、とても気持ち良いよ。良い日だね」
Y：「木の上で鳥がさえずっているわ。あれ見える？」
X：「目が悪くて、ちょっとよく見えないなあ」
Y：「あそこよ、あそこ。とてもきれいなさえずりよ」
X：「わかった。耳を澄まして、その鳥のさえずりを聞いてみるよ」

最後の第3のステップで、日本語を英語になおして、模範解答の完成です。

第3のステップ ＝日本語を英語になおす ⇒ 解答完成

模 範 解 答

Y: It's very nice weather today, isn't it?

X: Yes. I feel very good, soaking up the sun. It's a fine day.

Y: A bird is singing in a tree. Can you see it?

X: I can't see it well because of my bad eyesight.

Y: Look at that! It is twittering very beautifully.

X: Okay! I will listen carefully to the bird twittering.　　(58 words)

第 5 章

手紙・メール返信タイプの
自由英作文

手紙タイプ
設定された状況で手紙を書くタイプの出題。

メール返信タイプ
設定された状況でメールを作成するタイプの出題。

66 日本でおすすめのお祭りとその理由

次の英語の指示に従って、60語程度の英語で答えなさい。なお、使用した語数を記入すること。ただし、コンマやピリオドなどの記号は語数には入れない。

Suppose your name is Hanako, and you have a foreign friend named Peter. Write an e-mail to Peter, inviting him to a local festival in Japan. Your e-mail should include the name of the festival, when it is being held, and why you want to invite Peter.

（島根大学）

外国の友達を日本のお祭りに招待する際に、**そのお祭りの名前**と、**いつ開催されるのか**、**なぜ招待したいのか**をメールでまとめます。まずは、メールで使用する基本表現を見ていきます。

メールで使用する基本表現

まずは、左上で、相手の名前を加えて **Dear ～** , とします。結びは、右下で **Best regards**, の下に自分の名前を書きます。書き出しは、**I wanted to let you know about ～** .「～のお知らせで連絡しています」とします。続いて、お願いをする表現は、**I was wondering if you could ～** .「～していただけますか」を使います。最後は、**I'm looking forward to seeing you.**「お会いできるのを楽しみにしています」や seeing you を **your reply** にすると「返信を楽しみにしています」となります。ここまでをまとめます。

Dear　相手の名前 ,

書き出し　**I wanted to let you know about ～ .**

お願い　**I was wondering if you could ～ .**

結び　**I am looking forward to seeing you〔your reply〕.**

終わり　**Best regards,**

自分の名前

では、今回のテーマについて考えてみましょう。日本の具体的なお祭りを紹介します。青森のねぶた祭りや京都の祇園祭りなど多数ありますが、ここでは、**札幌の雪まつり（さっぽろ雪まつり）**が招待の理由を書きやすいので、紹介します。いつ開催されるかは、**2 月上旬の冬の間**で良いでしょう。招待したい理由は、**見事な雪像を見せたいから**とします。以上を英語にします。

❶　具体的なお祭りの名前　**Sapporo snow festival**

❷　いつ開催されるか　**It is held during winter in early February.**

❸　招待したい理由　**I would like you to see big, fantastic snow statues.**

以上を基に、模範解答を作成します。

模 範 解 答

Dear Peter,

I wanted to let you know about a wonderful Japanese festival. ❶It is called the Sapporo snow festival, which is held in Hokkaido. ❷It is held in early February. It is very cold, and so you should wear warm clothes. ❸I would like you to see big, fantastic snow statues. You will be surprised and moved when you see them.

Best regards,

Hanako.

(65 words)

全訳　ピーターへ

　素敵な日本のお祭りを紹介します。❶北海道のさっぽろ雪まつりと言われているものです。❷2月上旬に開催されます。とても寒いので、暖かい服を着てきてください。❸大きくて素晴らしい雪像を見てもらいたいのです。あなたは驚いて、感動するでしょう。

敬具

花子より

ここでチェック! 別冊 p. 27　解答の筋道と論拠

問題文の全訳

　あなたの名前を花子として、ピーターという名の外国の友人がいたと仮定します。ピーターに、日本の地域のお祭りに招待するメールを書きなさい。メール文には、そのお祭りの名前、いつ開催されるか、そしてピーターを招待する理由を書かなければいけません。

67 クローン研究への賛否

次の手紙は、「クローン技術」を特集した雑誌の読者が編集者にあてた投書である。【1】のア、イのうちいずれかを選び、一貫した内容になるよう、【2】、【3】の下線部にそれぞれ英文を書け。

To the Editor:

I read the article "Cloning: It Isn't Just for Sheep Anymore" with great interest. I think the government 【1】［ア should　　イ should not］ support research on cloning people because

【2】＿＿＿＿＿＿＿＿＿＿＿＿＿＿＿＿＿＿＿＿＿＿＿＿＿

＿＿＿＿＿＿＿＿＿＿＿＿＿＿＿＿＿＿＿＿＿＿＿＿＿＿＿.

Furthermore,

【3】＿＿＿＿＿＿＿＿＿＿＿＿＿＿＿＿＿＿＿＿＿＿＿＿＿

＿＿＿＿＿＿＿＿＿＿＿＿＿＿＿＿＿＿＿＿＿＿＿＿＿＿＿.

Sincerely,

Taro Yamashita

（東京大学　改）

　手紙・メール返信タイプの自由英作文ですが、本問は**クローン技術**という重要なテーマにまつわる手紙の書き方が問われています。まずは、クローン技術の問題に関する背景知識が必要なので、おさえておきましょう。

クローン技術に関する問題の背景

　クローンとは、**1個の細胞または生物から無性生殖的に増殖した生物の一群**を指します。生物の発生には、**雄雌両性が関与する有性生殖**と、**雄雌の関与のない無性生殖**によるものがあります。**単細胞生物等は、無性生殖**の1つの細胞分裂で子孫を残します。

　多細胞生物である人を含む哺乳類は、有性生殖により子孫を残します。これが今までの常識でしたが、1997年にイギリスで「ドリー」と名づけられたクローン羊の誕生が科学雑誌『ネイチャー』に掲載されたことで、上記の常識を覆す大きな事件となりました。

クローン技術のメリット

現状、技術的のみならず感情的にも様々な問題がありますが、万が一研究が進んで、仮に、将来的にクローン人間を安全に作ることができたと仮定しましょう。そうすると、メリットとしては、例えば**子供のいない夫婦の出産に応用できる可能性**が考えられます。**不妊に悩む夫婦**や、**少子高齢化社会を救える可能性**もあるでしょう。それから、**絶滅危惧種にあたる動物を保護したり、再生したりできる可能性**もあります。ここまでを英語にします。

---

❶ 不妊に悩む夫婦や、少子高齢化社会、絶滅危惧種を救える可能性がある

Cloning technology could enable infertile couples to have children. It would allow aging societies to have more babies. In addition, the technology could protect and reproduce endangered animals.

クローン技術のデメリット

クローン技術で生まれる子供が無事に成長できるかが保証されていないという大きなリスクがあります。どのような先天性の障害を持って生まれてくるのかが想像できません。

---

❷ クローン技術で生まれた子供が健康に成長できる保証がない

It is not guaranteed that cloned children can grow up healthily. You cannot imagine what disabilities they could have.

また、2 つ目のデメリットとして、男女の関与なしに子孫を作ることが、**倫理観や自然の摂理、道徳や伝統に反する**といった反対の声があります。〉┿ **便利な横断表現 ⑬** 〉が利用できます。

---

❸ 倫理観違反

It is unethical to have a baby without a natural reproduction process involving a man and a woman. Cloning could destroy traditional reproduction.

以上を基に、模範解答を作成します。模範解答では、選択肢イの**クローン技術に反対の立場**を取りました。

模 範 解 答

To the Editor:

　I read the article "Cloning: It Isn't Just for Sheep Anymore" with great interest. I think the government should not support research on cloning people because

【2】 ❷it is not guaranteed that cloned children can grow up healthily.

Furthermore,

【3】 ❸it is unethical to have a baby without a natural reproduction process involving a man and a woman.

Sincerely,
Taro Yamashita

全訳 編集者様へ

　「クローン：もはや羊だけのものではない」の記事を非常に興味深く読みました。私が、政府がクローン人間に関する研究を支持すべきではないと思うのは、【2】 ❷クローン技術で生まれた子供が健康に成長できる保証がないからです。さらに、【3】 ❸男女の関与なしに子孫を作ることが、倫理観に反するからです。

敬具
山下太郎

ここでチェック！ 別冊 p. 27　解答の筋道と論拠

68 お金持ちになったら何をするか

以下の手紙に対する返事を、あなたが Jun だと仮定して 60〜80 語の英語で書きなさい。

Dear Jun,

You will not remember me. I am your grandfather and I left the country when you were only three years old. But — though I have only a few weeks to live — I have made a success of my life, and you will inherit all of my vast wealth if you convince me that you will use it well. Tell me *what* you would use my money for, and *why*. I am looking forward to your reply.

Your grandfather, Marley

(東京大学)

手紙の内容をまとめると、莫大な財産を相続する場面で、祖父を納得させるような**財産の使い方と目的**を提案します。これは、**お金持ちになったら何をしたいか**という頻出のテーマと同じなので、しっかりと解答を用意しておきましょう。

お金持ちになったら何をしたいか

祖父を納得させるお金の使い方なので、**困っている人への援助**という大枠で考えます。具体的には、**塾や予備校に通うことのできない子供たち**を、塾を開業することで助けたいとします。**安価で受けられる授業、無料で使用できる参考書、自習室**を提供します。

❶ 困っている人を助けたい。 **I would like to help people who are in trouble.**

❷ お金がなくて普通の塾に通うことのできない子供たちのために新しく塾を設立したい。
My dream is to set up a new supplementary school for children who cannot afford to attend other supplementary ones.

❸ 安価で受けられる授業、無料で使用できる参考書、勉強ができる自習室を開放したい。
I would offer them classes at a low price, with many textbooks and study rooms for free.

以上を基に、模範解答を作成します。

模 範 解 答

Dear Marley,

　I am glad to receive your letter. **❶I would like to help people who are in trouble.** **❷My dream is to set up a new supplementary school for children who cannot afford to attend other supplementary ones.** **❸I would offer them classes at a low price, with many textbooks and study rooms for free.** I would use your money for setting up this school. I would help people who are in a weak position.

Best regards,

Jun

(78 words)

全訳　　拝啓　マーレイさん
　　　　　　お手紙ありがとうございます。❶私は、困っている人たちを助けたいと思います。❷私の夢は、他の塾に通えない子供のために、新しい塾を設立することです。❸授業を低価格で提供して、多くの参考書や自習室を無料で開放したい。この塾を設立するのに、あなたのお金を使わせてください。弱い立場にいる人を助けたいと思います。　　　　　　敬具
ジュンより

ここでチェック! 別冊 p. 28　解答の筋道と論拠

問題文の全訳

親愛なるジュンへ

　あなたは私のことを覚えていないでしょう。私はあなたの祖父で、あなたがまだ３歳のころに国を離れました。しかし、あと余命数週間となったけれども、私は仕事で成功を収めたので、あなたがその使い方で私を納得させてくれたら、私の莫大な全財産をあなたに相続させたいと思います。私のお金を何のために、そしてなぜ使うのかを教えてください。あなたからの返信を楽しみにしています。

あなたの祖父であるマーレイより

69 仕事で給料以外に大切なこと

テーマ

You received this email from your friend in Australia. Write a 75-100 word reply, not including "Dear Carol" in the beginning. DO NOT write your name in your answer. **Answer in English.**

Hi _____,

In school today, we had a talk with a career counselor. She asked us what we think is the most important point to consider, other than salary, when choosing a job. What about you? What do you think is most important?

Carol

（横浜国立大学　改）

メールの内容を要約すると、**仕事で給料以外に大切なのは何か**というテーマです。これは、手紙・メール返信タイプの問題以外でも、自由英作文で問われる可能性のある内容なので、解答をしっかり準備して本番に臨みましょう。

仕事で大切なもの

給料以外で大切なものというと、**やりがい**があげられるでしょう。では、具体的にどんなことをやりがいとしてあげられるか。第3章の **41** と **55** の自分の将来に関するテーマや第5章 **68** の**お金持ちになったら何をするか**のテーマで扱った表現を ＋便利な横断表現 ⑳ として利用します。**困っている人を助けたい**という大きな理想を最初に述べます。具体的には、**思春期で思い悩む中学生や高校生を助けたい**とします。

+ 便利な横断表現 ⑳　人助け

I would like to help those who are in trouble. I would like to help junior high or high school students who worry about many things.

　具体的な解答としては、学校の先生になって、授業や部活動を通じて、子供たちに最高の教育を提供したいとします。そうして子供たちを教育することを通じて、自分自身も成長して充実感を得ることで、やりがいのある生活を送りたいとします。ここまでを英語にします。

---

❶ やりがいを大切にしたい。

The most important point is that I feel fulfilled in my work.

❷ 困っている人を助けたい。

I would like to help people who are in trouble.

❸ 思春期で思い悩む中学生、高校生を助けたい。

I would like to help junior high or high school students who worry about many things.

❹ 授業や部活動を通じて、生徒に最高の教育を提供したい。

I would like to educate students both in class and in club activities.

❺ 生徒を教育することを通じて、自分自身も成長することで、やりがいのある生活を送りたい。

I would like to lead a fulfilling life by educating students and developing myself.

以上を基に、模範解答を作成します。

模 範 解 答

Dear Carol,

❶The most important point is that I feel fulfilled in my work. **❷I would like to help people who are in trouble.** I would like to become a junior high or high school teacher.

❸I would like to help junior high or high school students who worry about many things. **❹I would like to educate students both in class and in club activities.** I would like to teach them not to give up and try again and again. **❺I would like to lead a fulfilling life by educating students and developing myself.**

Best regards,

————

(94 words)

全訳 キャロルさん

❶最も重要なことは自分の仕事で充実感を味わうことです。❷困っている人の助けになりたい。中学校か高校の先生になりたいと思います。

❸悩みが多い中学生か高校生を助けてあげたい。❹授業やクラブ活動を通じて生徒を教育したい。生徒にあきらめないこと、何度でも挑戦することを教えてあげたいです。❺生徒を教育し、自分自身も成長することで充実した生活を送りたいと思います。 敬具

~より

■ここでチェック！■ 別冊 p. 28 解答の筋道と論拠

問題文の全訳

　あなたはこのメールをオーストラリアの友人から受け取りました。75〜100 語で返信を書きなさい。冒頭の "Dear Carol" は語数に含めてはいけません。解答に自分の名前を書いてはいけません。英語で答えなさい。

こんにちは ＿＿＿＿＿＿ 、

今日学校で、私たちはキャリアカウンセラーと話をしました。彼女は私たちに、仕事を選ぶ際に、給料以外で重視すべき最も重要な点は何かと尋ねました。あなたはどうでしょう。何が一番重要ですか。

キャロル

70 日本でのおすすめの過ごし方

テーマ

You received this email from your friend in Canada. Write an email in reply (75-100 words, not including "Hi Susan, Thank you for your email." in the beginning). DO NOT write your name in your answer. **Answer in English.**

Hi _____ ,

I have some news. My sister and her friend plan to visit Japan in the summer! They are really looking forward to it. They are both college students and don't have much money, so they want to spend as little as possible. What are some interesting and fun things they can do in Japan for free, or cheaply?

Susan

（横浜国立大学　改）

メールの内容を要約すると、カナダの友人から、姉とその友人が夏に日本に行く予定なので、**無料かあまりお金がかからなくてできる楽しいことを教えてほしいという内容**です。季節が夏なので、**海水浴**をすすめます。海水浴ならば、**そこまで行く電車賃だけで、一日中お金をあまりかけずに遊ぶことができます。**ここまでを英語にします。

❶ 海水浴をすすめる

I recommend that they go to the beach while in Japan. It is very nice in summer in Japan. They only have to pay the fare to the beach and then they can spend all day there.

続いて、日本のビーチでの過ごし方は、海の中で泳ぐだけではなく、例えば**アイスを食べたり、日光浴をしたり、スイカ割りをする**こともあります。それから、**夜になったら花火をする**こともできます。ここまでを英語にします。

> **❷ 海で泳ぐ、日光浴、スイカ割り、花火を楽しむ**
>
> In Japan, people enjoy swimming in the sea, soaking up the sun, and hitting watermelons wearing a blindfold. They can also light and watch fireworks at night.

以上を基に、模範解答を作成します。

模 範 解 答

Hi Susan,

Thank you for your email. **❶I recommend that they go to the beach while in Japan**. It is very nice in summer in Japan. They only have to pay the fare to the beach, and then they can spend all day there.

❷In Japan, people enjoy swimming in the sea, soaking up the sun, and hitting watermelons wearing a blindfold. They can eat ice cream and drink some juice at the beach. They can also light and watch fireworks at night.

Best regards,

———

(78 words)

全訳　スーザンへ

メールをありがとう。**❶**日本ではビーチに行くことをおすすめするよ。日本の夏はとてもすてきだ。彼女たちは、ビーチまでの運賃を払えば、一日中ビーチで過ごすことができる。

❷日本では、海で泳いだり、日光浴をしたり、目隠しをしてスイカ割りをしたりして楽しむんだ。ビーチでアイスを食べたり、ジュースを飲んだりすることができる。また、夜は花火で遊んだり、花火を見たりすることができるよ。

じゃあね。

敬具

～より

ここでチェック！　別冊 p. 28　解答の筋道と論拠

問題文の全訳

　あなたはこのメールをカナダの友人から受け取りました。75～100 語で返信を書きなさい。冒頭の "Hi Susan, Thank you for your email." は語数に含めてはいけません。解答に自分の名前を書いてはいけません。英語で答えなさい。

　こんにちは ＿＿＿＿＿＿、

　お知らせがあります。私の姉とその友達が、夏に日本を訪れる計画を立てています。２人とも本当に楽しみにしています。２人とも大学生で、お金があまりないので、できる限り出費を抑えたいという事情があります。日本で無料かお金をかけずにできるおもしろいことや楽しいことは何ですか。

　スーザン

おわりに

　本書を最後まで読んでくださった読者の方々、1人1人に御礼を申し上げます。

　Writing は大きく分けると、日本語を英語にする**和文英訳**と、本書で扱った**自由英作文**があります。**Writing において、主役とも言えるのが、本書の自由英作文**になります。大学入試での志望校合格というゴールを見失うことなく、受験生が書くことのできる現実的なレベルの模範解答を用意することを心がけました。

　そして、本書で学んだ数多くの論拠は、Speaking の試験にも絶大な効果を発揮します。何を隠そう Writing は文字で主張を表現するのに対し、Speaking は口頭で主張を表現するという違いがあるだけなのです。

　Writing は、Reading や Listening といった受信型の英語能力とは、使う力が異なります。よって、毎日1つのテーマでも良いので、本書で覚えた内容を自分から発信する訓練をすることを必ず心がけてください。

　人間には誰しも必ず、その環境に適応していく力が眠っています。試験直前の1カ月前であっても、毎日、本書で取り上げている各テーマの論拠を書いてみたり唱えてみたりすることを続ければ、試験本番で必ず効果を発揮することができるでしょう。理想は、**理解した上での暗記**です。本書での理解をベースに、Practice makes perfect.「習うより慣れろ」を加えれば、必ずや志望校合格に近づくことができるでしょう。

肘井　学

赤本
PLUS+

大学入試
"すぐ書ける"
自由英作文

📖 別冊 ファイナル・
チェックリスト

教学社

ファイナル・チェックリスト

　試験直前でも、すべてのテーマの表現をすぐに見直せるように、別冊のファイナル・チェックリストを設けました。人の記憶は時間の経過とともに、薄れていくのが当然です。この別冊を**何度も見直すこと**、かつ**試験直前に見直すこと**で、本番でも本書で学んだ知識をしっかりと活用することができるようになるでしょう。寝る前や朝起きた後、そして移動の最中や、試験直前の時間を利用して、このファイナル・チェックリストを見直してください。

　この別冊では、試験本番で役立つ、おすすめの**解答の筋道と論拠**を示しているので、解答の英語表現と〉・|・便利な横断表現〉が見直せます。なお、▶①は、〉・|・便利な横断表現〉の番号と対応しています（→本冊 p. 10-13、別冊 p. 29-32）。

　また、〉・|・便利な横断表現〉のまとめでは、内容を箇条書きにして表題としたことに加えて、基本は2つの文を提示しました。単文では終わらせずに、複数の文を用意することで、より英語らしい表現になります。まとめて覚えましょう。

2

解答の筋道と論拠

第1章　自由英作文の型を身につける　〉　★★★ **A** ランク

01 ★★★ 携帯電話の功罪

主張	**子供に携帯電話を持たせることに反対** I disagree with this opinion.
譲歩	**情報検索機能** They can get a lot of information through cell phones easily. ⊕ ③
逆接 ＋ 反論	**情報が誤っている可能性がある** The information they could get on the Internet might be false or incorrect.
根拠 1	**携帯依存症** They can become addicted to cell phones. ⊕ ①
根拠 2	**犯罪に巻き込まれる恐れ** They might get involved in crimes through cell phones. ⊕ ②

第2章　意見提示タイプの自由英作文　〉　★★★ **A** ランク

02 ★★★ SNS の利点と欠点

利点 advantages	**① 情報検索機能** You can get a lot of information through social media easily. ⊕ ③ **② コミュニケーション機能** You can communicate with someone anytime, anywhere through social media. ⊕ ④
欠点 disadvantages	**① SNS 依存症** You can become addicted to social media. ⊕ ① **② 犯罪に巻き込まれる恐れ** You might get involved in crimes through social media. ⊕ ②

2

03 ★★★ インターネットの功罪

主張	マイナスの影響
	The Internet has a negative impact on the world.

譲歩	情報検索機能
	You can get a lot of information easily through the Internet. ▶ ③

逆接 ＋ 反論	マイナスが多い
	There are many negative aspects to the Internet.

根拠 1	インターネット依存症になる
	You can become addicted to the Internet. ▶ ①

根拠 2	犯罪に巻き込まれる恐れ
	You might get involved in crimes through the Internet. ▶ ②

04 ★★★ 人工知能への賛否

主張	賛成
	I agree with this idea.

譲歩	人工知能は人類を滅ぼす可能性がある
	Artificial intelligence could destroy humans.

逆接 ＋ 反論	多くの利点がある
	There are more advantages to artificial intelligence than risks.

利点 1	人間より仕事を効率よくこなせる
	Artificial intelligence can carry out work more efficiently than humans.

利点 2	自動運転車で飲酒運転を減らすことができる
	Self-driving cars can reduce the number of drunk drivers. ▶ ⑤

利点 3	人工知能搭載のロボットが人間のパートナーになりうる
	Robots with artificial intelligence can be a partner with humans.

解答の筋道と論拠　第1章 A ランク・第2章 A ランク

05 ★★★ 自動運転車への賛否

| 主張 | 乗りたい
I would want to ride in a driverless car. |

| 根拠 1 | 飲酒運転の数を減らすことができる
Driverless cars can reduce the number of drunk drivers. ⊞ ⑤ |

| 根拠 2 | 高齢ドライバーの危険運転を防ぐことができる
Driverless cars can avoid dangerous driving by seniors. |

06 ★★★ 地球温暖化への取り組み

| 対策 1 | 自動車の代わりに公共交通機関を使う
You should use public transportation instead of driving a car. |

| 対策 2 | 家庭内の電気の使用を抑える
You should reduce the volume of electricity you use at home. |

07 ★★★ 原発と再生可能エネルギーへの賛否

| 主張 | 賛成
I agree with this opinion. |

| 譲歩 | 原子力は大量の電気を供給
Nuclear power can generate a large amount of energy. |

| 逆接＋反論 | 原子力は非常に危険
Nuclear power is extremely dangerous. ⊞ ⑱ |

| 根拠 1 | クリーンなエネルギーで環境にやさしい
Renewable energy sources are clean and eco-friendly. ⊞ ⑲ |

| 根拠 2 | エネルギーの供給に限界がない
Supplies of renewable energy sources are unlimited. ⊞ ⑲ |

08 ★★★ 少子高齢化社会の対策

対策1 定年の引き上げ
The retirement age should be raised.

高齢者は自分の給料で生活できる
The elderly will be able to live on their salaries.

対策2 企業による育児支援 ➡ ⑰
Companies should help their employees raise their children.

父親の育児休暇の奨励
Companies should promote paternity leave.

会社に託児所を設ける
They should set up day-care centers in their facilities.

09 ★★★ 男女平等を推進する方法

方法1 家事・育児の分担における不平等を解消する
We should solve the inequality between men and women regarding the sharing of housework and child-rearing.

方法2 労働における男女の不平等をなくす
We should remove income or promotional gaps between men and women.

方法3 企業が女性管理職の一定割合を維持して、男性の育児休暇を促す
Companies should keep a certain percentage of women's managerial positions and promote paternity leave. ➡ ⑰

10 ★★★ 空き家の有効活用

方法1 移住希望者への売却
Empty houses should be sold cheaply to people who hope to migrate.

方法2 民泊として利用する
Local governments should make use of empty private houses by renovating and renting them at a reasonable price.

第2章 意見提示タイプの自由英作文 ★★ **B** ランク

11 ★★ オリンピック開催の功罪

メリット

経済の活性化
The Olympics will energize the economy. ⚡⑥

多くの観光客がお金を使ってくれる
Many tourists will use money in the host city, for example, to buy the tickets, to eat and drink, and to stay at hotels.

デメリット

開催都市が多額の借金をしなければならないかもしれない
The host city may have to borrow huge amounts of money.

12 ★★ カジノ誘致への賛否

主張

カジノ誘致に反対
I disagree with inviting casinos.

譲歩

経済の活性化
It will energize the economy. ⚡⑥

逆接 + 反論

マイナスの方が多い
There are more disadvantages to casinos.

根拠 1

ギャンブル依存症
Some people will become addicted to gambling. ⚡①

根拠 2

治安の悪化
The areas around casinos will not be safe because of certain crimes. ⚡⑦

13 ★★ インバウンド（訪日外国人観光客）の増加への賛否

主張	反対 I disagree with this trend.
譲歩	経済の活性化 Foreign tourists will energize the local economy. ▶️ ⑥
逆接+反論	マイナスの方が多い There are more disadvantages to this than advantages.
根拠1	治安の悪化 The areas where many foreign tourists go might not be safe. ▶️ ⑦
根拠2	日本人の観光客が減る The number of Japanese tourists might decrease.

14 ★★ グローバリゼーションへの賛否

主張	反対 I do not believe globalization is good for the world.
譲歩	経済の活性化 Globalization will energize the economy all over the world. ▶️ ⑥
逆接+反論	マイナスの方が多い There are more disadvantages to globalization.
根拠1	地域固有の文化を破壊する Globalization might destroy the local culture. ▶️ ⑧
根拠2	国内産業の空洞化 Globalization might kill domestic industries.

15 ★★ ファーストフードへの賛否

主張	反対 I disagree with the spread of fast food industries.
譲歩	安くておいしい料理を速く提供 Fast food offers nice dishes cheaply and fast.
逆接 + 反論	健康に悪い Fast food is not good for your health.
追加 の 根拠	地域固有の食文化の破壊 Fast food might destroy the local food culture. ⑧

16 ★★ 海外旅行と留学のメリット

譲　歩	お金がたくさんかかる It costs a lot of money to travel and study abroad.
メリット1	英語が上達する Traveling and studying abroad will enable you to improve your English.
メリット2	文化の多様性を認識できる You can recognize cultural diversity by traveling and studying abroad. ⑨

17 ★★ 英語の早期学習への賛否

主張	反対 I disagree with this opinion.
譲歩	小学校の低学年が言語形成期 The lower grades of elementary school are the best for language development.
逆接 + 反論	母語にマイナスの影響 It might have negative influences on their mother tongue.
追加 の 根拠	英語嫌いを助長 Children might not like English in elementary school.

18 ★★ 第二外国語の学習への賛否

主張
第二外国語の習得は重要
It is important to learn a second foreign language other than English.

譲歩
第二外国語を数年で習得するのは無理
It may be difficult to acquire another foreign language in just a few years at university.

逆接＋反論
多くの利点がある
You can enjoy many advantages.

根拠1
文化の多様性を認識できる ⊞ ⑨
You can recognize cultural diversity by learning another foreign language.

根拠2
多くの世界をのぞくことができる
One language can be a window to many worlds.

19 ★★ 英語の社内公用語化への賛否

主張
賛成
I agree with this idea.

譲歩
反対する社員がいる
Some employees will disagree with this policy.

逆接＋反論
利点の方が多い
There are more advantages than disadvantages.

根拠1
グローバルな社会に対応できる
It will enable the company to deal with a globalized world.

根拠2
優秀な人材の確保につながる
It will enable the company to attract many excellent workers throughout the world.

20 ★★ 若者の本離れの原因と本を読むメリット

原因	本以外のメディアの存在

You have many types of media other than books.

本以外から多くの情報を入手

You can get more information faster and cheaper on the Internet than from books. ➕ ③

本の メリット	心の充実

Reading books will make you more fulfilled. ➕ ⑩

21 ★★ 本から学ぶか経験から学ぶか

主張	経験から学ぶ

Knowledge from experiences is more valuable.

譲歩	多くの情報を入手

You can get a lot of information from books. ➕ ③

逆接 + 反論	知識と実行は全然違う

Knowing something is very different from doing it.

根拠	似たような経験をしていれば、困難に対応できる

You can deal with some difficulties if you have had a similar experience.

22 ★★ 電子書籍と紙の本のどちらが好きか

主張	電子書籍が好き

I prefer e-books to printed books.

譲歩	多くの人が紙の本に慣れている

Many people are used to reading printed books.

逆接 + 反論	以下の理由で、電子書籍が好き

I like e-books for the following reasons.

理由 1	電子書籍は持ち運びが楽

It is easier to carry e-books than printed books.

理由 2	値段が安い

It is cheaper to buy e-books than printed books.

23 ★★ 死刑制度への賛否

主張	反対 I disagree with the death penalty.
譲歩	犯罪の抑止になる It can prevent people from committing crimes.
逆接＋反論	犯罪の抑止力にはならない It is a proven fact that it cannot stop people from committing cruel crimes.
根拠1	冤罪の可能性 There is a possibility of false accusation.
根拠2	新たな殺人者を生み出す The death penalty will produce a new murderer.

第2章 意見提示タイプの自由英作文　　★　**C** ランク

24 ★ 成功から学ぶか失敗から学ぶか

主張	失敗から学ぶ You learn more from failure than from success.
譲歩	成功で自信が身につく Once you succeed, you can believe in yourself.
逆接＋反論	失敗したときに貴重な教訓を学べる You can learn a more valuable lesson when you fail.
根拠1	失敗したら、反省する If you fail, you have to reflect on yourself.
根拠2	失敗するたびに、自分の弱点がわかり、成長することができる Every time you fail, you will know your weaknesses, grow, and get closer to success.

25 ★ 不老不死への賛否

主張	不老不死では幸せにはなれない
	We would not be happier if we could live forever.

譲歩	多くの経験ができる
	If we could live forever, we could have a wide range of experiences.

逆接＋反論	マイナスの方が多い
	These are less important than the negative aspects of eternal life.

根拠1	人生は有限だから、達成感を味わい幸せになることができる
	We can feel satisfied and happy because our lives are finite.

根拠2	自分の大切な人が自分より必ず先に亡くなる
	If we had an eternal life, we would have to face the deaths of loved ones.

26 ★ 嘘をつくのは常に悪いことか

主張	必ずしも悪いことではない
	It is acceptable to tell white lies in some situations.

根拠	善意のある嘘は残酷な現実から遠ざけることができる
	They can keep people from knowing cruel facts.

具体例	末期ガンの患者に医師が偽の診断を伝える
	Doctors can report a fake diagnosis to patients with terminal cancer.

27 ★ 田舎と都会どちらに住みたいか

結論	田舎に住みたい
	I would like to live in a rural town.

譲歩	刺激に満ちた都会での生活は素晴らしい
	Urban life filled with excitement is wonderful.

根拠1	リラックスして、ストレスを避けて、豊かな感性を育める
	It enables me to be relaxed, avoid the stress of city life, and cultivate rich emotions.

根拠2	新鮮な空気は健康に良い
	The clean and fresh air can be good for your health.

28 ★ 同性婚への賛否

主張	**賛成** I agree with this idea.
譲歩	**伝統を破壊する** Same-sex marriage can destroy the traditional marriage system.
逆接 + 反論	**伝統を守るより人権を守る方が大切** Protecting human rights is more important than preserving tradition.
根拠 1	**差別の防止** Making same-sex marriage legal will stop discrimination.
根拠 2	**遺産相続が認められる** Making same-sex marriage legal can allow the partner to inherit any property.

29 ★ 砂糖税への賛否

主張	**賛成** I support a tax on sugary drinks.
譲歩	**砂糖税は飲食業の人を消費減退に苦しませる** A sugar tax would cause people working in the food and beverage industries to suffer as a result of consumer recession. ⑪
逆接 + 反論	**プラス面の方が多い** There are more advantages to this tax than disadvantages.
根拠 1	**砂糖税は健康を改善する** A sugar tax can improve people's health.
根拠 2	**砂糖税は高い医療費に苦しむ国を助けることができる** A sugar tax can help countries which suffer from high medical expenses.

30 ★ 日本人の幸福感が低い原因とその対策

原因 経済への不安感　Many people feel anxious about the Japanese economy.

方法1 目に見えないものを大切にする
You should value what you cannot see.

方法2 格差社会の解消
Japanese society should reduce the gap between the rich and the poor.

31 ★ 大学の９月入学への賛否

主張 賛成　I agree with this idea.

譲歩 ギャップイヤーが、かえって無駄な時間を生んでしまう可能性がある
Some students will waste their gap year.

逆接＋反論 上手に利用できる学生もいる
Others can make good use of their gap year.

根拠1 多様な経験ができる
Students can have various experiences during this period.

根拠2 海外の優秀な学生を集めることができる
Japanese universities can attract bright students from abroad through September admissions.

32 ★ アルバイト禁止への賛否

主張 反対　I disagree with such a school policy.

譲歩 学業がおろそかになる　Having a part-time job might cause you to study less.

逆接＋反論 時間をコントロールすれば良い
You can control how long you work at a part-time job.

根拠1 自分で稼いだお金を好きなように使える
You can use money freely by making money through part-time jobs.

根拠2 アルバイトで親からの自立の最初の一歩を踏み出す
Part-time jobs can give you a first step toward gaining independence from your parents.

33 ★ いじめを止める方法

方法 1	生徒が自発的にいじめを止める Students should help prevent bullying.
方法 2	教師がいじめを止める Teachers must stop bullying because students cannot always stop it on their own.

34 ★ 喫煙の全面禁止への賛否

主張	反対 I disagree with this opinion.
譲歩	健康の改善 This law would improve people's health.
逆接＋反論	プラスよりマイナスの方が多い There are more disadvantages to this law than advantages.
根拠 1	税収不足 This law would cause a loss in tobacco tax revenue.
根拠 2	消費減退に苦しむ This law would cause people working in the tobacco industry to suffer from consumer recession. ⏩ ⑪

35 ★ ボクシングはオリンピックの種目であるべきか

主張 オリンピックから外れるべき
I agree with this statement.

譲歩 自由主義論
If we voluntarily decide to box despite knowledge of the risks, we should be allowed to do so. ⊕ ⑫

逆接＋反論 生命を脅かすものは止めなければいけない
We have to stop anything that threatens our life.

根拠1 顔のケガ、脳の損傷、骨折、命を落とす可能性
Boxers may suffer from facial injuries, brain damage, and broken bones. They could also die.

根拠2 道徳的に問題
The objective of boxing is to knock down opponents. It is morally inappropriate.

36 ★ 臓器売買への賛否

主張 反対
I disagree with this statement.

譲歩 自由主義論
If we voluntarily decide to sell and buy kidneys despite knowledge of the risks, we should be allowed to do so. Otherwise, our freedom of choice and welfare would be limited unfairly. ⊕ ⑫

逆接＋反論 プラスよりマイナスの方が多い
There are more disadvantages to this than advantages.

根拠1 不法な手術が行われて、命を落とすリスクがあるから
Selling and buying kidneys might cause illegal operations, and run a risk of taking away people's lives.

根拠2 臓器売買は倫理観に反する ⊕ ⑬
It is unethical to sell and buy kidneys.

37 ★ 安楽死への賛否

主張 反対
I disagree with this statement.

譲歩 自由主義論
Some people think that they should decide whether they live or not.

逆接＋反論 プラスよりマイナスの方が多い
There are more disadvantages to this than advantages.

根拠1 周囲の圧力によって、死を選んでしまう可能性がある
If euthanasia were allowed, some patients might choose to die not at their own will but due to the surrounding pressure.

根拠2 人の生死を人為的に操作することは、倫理観に反する
It is unethical to decide on human life and death artificially. ⑬

38 ★ 世界の言語が1つだったら

メリット1 海外の人と容易にコミュニケーションを取ることができる
You could communicate easily with those who live overseas.

メリット2 国際的な視野を持つことができる
You would have a wider global perspective.

39 ★ 歩きスマホの問題点

問題点1 危険だ
Using smartphones while walking is very dangerous.

問題点2 健康にも良くない
Using smartphones while walking is not good for your health.

対策 歩きスマホのマイナス面を周知。スマホに警告文を貼る
You can let people know the disadvantages of using smartphones while walking. Putting warnings on smartphones, like on cigarette packs, could reduce the number of people who use smartphones while walking.

40 ★ レジ袋の有料化への賛否

| 主張 | **賛成**
I think it was a good decision. |

| 譲歩 | **客が困惑する**
Some customers feel embarrassed at being charged for plastic bags. |

| 譲歩
+
反論 | **レジ袋は深刻な害を与える**
Plastic bags have caused a lot of serious damage. |

| 具体化
1 | **海洋生物を死に追いやる**
They have caused many marine animals to die. |

| 具体化
2 | **マイクロプラスチックは人体にも害がある**
Micro plastics are said to cause us damage. |

第3章　感想文タイプの自由英作文　　★★★ **A** ランク

41 ★★★ 大学入学後にやりたいこと

| 解答案 | **英語の先生になるために留学したい**
I want to study abroad to become an English teacher. |

| 活動例 | **自分の世界を広げたい**
I want to broaden my world. |

| 具体化 | **サークルに入って、日本の異なる地域や、外国出身の人と仲良くなりたい**
I will join a club and make friends with those who are from different areas of Japan and from different countries. |

42 ★★★
一番好きなもの1 （本）

解答案
ONE PIECE
"ONE PIECE" is my favorite comic book.

理由1
友情、努力、勝利の大切さを教えてくれる
It teaches me the importance of friendship, effort, and victory. ▶️ ⑮

理由2
バトル、ギャグ、感動する話などのエピソードがあるから
The story contains various episodes, such as exciting battles, gag scenes, and moving stories.

42 ★★★
一番好きなもの2 （場所／観光地）

解答案
タイ
My favorite tourist destination is Thailand.

理由1
微笑みの国
As people there are always smiling and gentle, the country is called the "Land of Smiles."

理由2
料理がおいしい
Thai food is very nice because it is hot and spicy.

理由3
タイ古式マッサージ
Thailand's traditional massage is said to be the most relaxing in the world.

42 ★★★
一番好きなもの3 （季節）

解答案
夏
My favorite season is summer.

理由1
暑くて開放的で陽気な気分になる
As it is hot in summer, you feel relaxed and happy.

理由2
海水浴やプールに最適な季節
It is the best season to swim in the sea and pool.

理由3
子供も大人も夏休みを取れるので家族旅行に行ける
You can travel with your family because not only children but also parents take summer vacation.

20

43 ★★★ 訪日外国人観光客におすすめの場所

解答案	神戸 I would like them to visit Kobe city.
理由1	食事がおいしい They can eat delicious food in Kobe.
理由2	夜景がきれい They can see a beautiful night view in Kobe.
理由3	温泉がある They can take a bath in a hot spring.

44 ★★★ 失敗から学んだ大事な教訓

過去の失敗	高校入試で失敗をした I failed the high school entrance examination. ⑭
そこで得た教訓	準備をしっかりする・失敗から立ち上がることの大切さ I learned from this experience that it is important to prepare well. It is also important to get up again after failing and keep on studying. ⑯

45 ★★★ 偉人と話せるなら誰と、何を話したいか

解答案	三浦知良選手と話したい I would like to talk to Kazuyoshi Miura.
何を聞きたいか1	サッカーをやめたいと思ったことはなかったのか I would like to ask him whether he has ever thought of quitting soccer or not.
何を聞きたいか2	成功の秘訣は何か I would like to ask him what the key to success is.

46 ★★ タイムマシーンがあったら

解答案 高校入試の前に戻りたい
I would like to go back to the days before my high school entrance examination.

理由 もっとしっかり準備して入試に臨みたい。第一志望に落ちたから
I would like to have prepared well for the examination. I was not able to pass the examination for the school of my first choice. ⑭

47 ★★ 理想の先生

解答案 間違いをしたときに叱ってくれる先生
An ideal teacher for me is a teacher who scolds us when we do something wrong.

理由 その時は良い気分にならないが、あとでその大切さに気づく
I did not feel good when I was scolded. However, later in life, I realized its importance.

48 ★★ 日本のマンガやアニメが人気の理由

理由1 友情・努力・勝利の大切さを教えてくれる
Japanese manga can teach readers the importance of friendship, effort, and victory. ⑮

理由2 デザインが優れている
The illustrations are excellent.

理由3 登場人物が魅力的
The characters are attractive.

49 ★★ テクノロジーによる過去最大の変化

解答案 インターネットの登場
The Internet has been the biggest change.

譲歩 インターネット依存症になる
You can become addicted to the Internet. ⊞ ①

逆接＋反論 利点の方が多い
There are more positive aspects to the Internet.

根拠1 たくさんの情報を容易に入手できる
You can get a lot of information easily through the Internet. ⊞ ③

根拠2 コミュニケーション機能
The Internet offers various communication tools. ⊞ ④

50 ★★ 最高のプレゼント

解答案 転校したときにもらったプレゼント
The best present I have ever received is the one I got when I had to change schools.

クラスメートがお別れ会でくれたメッセージカード
My classmates gave me a card with many messages at a farewell party.

51 ★★ 人生で誇れること

解答案 高校受験の経験
I am proud of my experience of taking the high school entrance examination.

理由 立ち上がって前に進むことが重要
It is important to get up after failure and move forward. ⊞ ⑯

具体例 第一志望校に落ちたが、立ち上がり前に進んだ
I failed the entrance examination for my first choice of school. ⊞ ⑭
However, I am proud that I got up after the failure and went ahead.

第3章　感想文タイプの自由英作文　　★　**C** ランク

52 ★ 世界を変えられるなら何をするか

主張	戦争をこの世からなくす I would eliminate war in the world.
理由	戦争では、何の罪もない子供たちが犠牲になるから In war, children who are not guilty at all will become victims.

53 ★ 無人島に水以外で何を持っていくか

主張	食料 I would take some food to a desert island.
理由 1	健康でいるため This is because we need food as well as water to stay healthy.
理由 2	娯楽用品は、生きていくのに必須ではない Some people say entertainment goods, such as cell phones, books or comics are necessary. However, entertainment goods are not always necessary for us to survive.

54 ★ ジェネレーションギャップの具体的説明

主張	家族のあり方が大きく変わった How a family should be has changed over the last several decades.
具体例	以前は、結婚が普通だった。現代では、結婚しない、結婚しても子供を望まない夫婦もいる In the past, it was normal for us to get married. However, some people today never get married throughout their lives. There are some couples who do not wish to have children.

55 十年後の自分

| 職 業 | 弁護士として活動
I will become a lawyer in ten years. |
| プライベート | 結婚して子供が生まれる
I will get married and have a baby. |

第4章　図表・グラフ・イラスト・4コマ・写真描写タイプの自由英作文

---

56 図表描写問題（外国人に温泉の魅力を伝える方法）

方法	温泉の効能を伝える Local governments should let foreign tourists know the benefits of a hot spring.
具体化	リラックス効果、疲労回復効果、疾病にプラスの効果 Taking a hot spring makes you feel relaxed, relieves your fatigue, and have positive effects on some diseases.
宣伝手段	地方自治体のホームページ、Twitter、Facebook で紹介 Local governments can introduce such information on their homepage, Twitter, and Facebook.

57-60 グラフ描写問題で使用する基本表現

1. 増減を示す表現　increase ⇔ decrease
2. 増減の程度を示す表現　dramatically「劇的に」⇔ gradually「徐々に」
3. 増減のない安定した様子　remain stable「安定したままだ」
4. 最高点（最低点）に達する　hit the highest point ⇔ hit the lowest point

57 グラフ描写問題 （女性の社会進出への賛否）

主張

女性の社会進出をさらに促すべき

The current movement to encourage women to enter the workforce should be promoted more.

具体化

父親の育児休暇の奨励、会社に託児所を設置

Companies should help their employees raise their children. They should also promote paternity leave and set up day-care centers in their facilities. ⏩ ⑰

58 グラフ描写問題 （再生可能エネルギーのメリット）

原子力

原子力は極めて危険

Nuclear power is extremely dangerous. ⏩ ⑱

再生可能エネルギーのメリット1

クリーンで環境にやさしい

They are clean and eco-friendly. ⏩ ⑲

再生可能エネルギーのメリット2

安全に電力を産み出せる

Renewable energy sources can generate power more safely than nuclear power. ⏩ ⑲

再生可能エネルギーのメリット3

供給は無限

Supplies of renewables are unlimited. ⏩ ⑲

59 グラフ描写問題 （日本の若者の自尊心の低さについて）

要因

親から自立していないこと

One of the main reasons why young Japanese people have low self-satisfaction is that some of them are not independent of their parents.

解決策

親から自立すると、自信が芽生えて、意見を言えるようになり、困難に前向きに取り組むことができる

Being independent of their parents will give them self-confidence little by little. It will also enable them to express their opinions well and face challenges willingly.

60 グラフ描写問題 （高校でスマホを制限すべきか否か）

主張	高校でスマホは禁止すべき

Using smartphones should be banned in high school.

根拠 1	スマホを見て授業に集中しなくなるから

Using smartphones should be banned because students use their smartphones during classes and they cannot concentrate.

根拠 2	犯罪に巻き込まれる恐れ

Students might get involved in crimes using smartphones in high school. ②

根拠 3	ネット上のいじめを助長する恐れ

Using smartphones in high school could encourage cyberbullying.

61・62 イラスト描写問題

- ●第1のステップ＝イラストを文章化する
- ●第2のステップ＝前後のつながりを意識して、字数に合うように状況をつけ足す
- ●第3のステップ＝日本語を英語になおす

64・65 写真描写問題で使用する基本表現

写真の中央に〜がある
There is 〔are〕 〜 in the middle of the picture.

写真の左側〔右側〕に〜がある
On the left 〔right〕, 〜 .

〜の奥〔前〕に、…がある
Behind 〔In front of〕 〜 , … .

第5章　手紙・メール返信タイプの自由英作文

66 メールで使用する基本表現

Dear 相手の名前 ,

書き出し I wanted to let you know about 〜 .

お願い I was wondering if you could 〜 .

結び I am looking forward to seeing you〔your reply〕.

終わり Best regards,

自分の名前

66 日本でおすすめのお祭りとその理由

解答案 具体的なお祭りの名前【さっぽろ雪まつり】
Sapporo snow festival

説明 いつ開催されるか
It is held in early February.

理由 招待したい理由
I would like you to see big, fantastic snow statues.

67 クローン研究への賛否

主張 反対
I do not support research on cloning people.

根拠1 クローン技術で生まれた子供が健康に成長できる保証がない
It is not guaranteed that cloned children can grow up healthily.

根拠2 倫理観違反
It is unethical to have a baby without a natural reproduction process involving a man and a woman. ⑬

68 お金持ちになったら何をするか

主張 困っている人を助けたい
I would like to help people who are in trouble. ⊞ ⑳

具体化1 お金がなくて塾や予備校に通えない子供たちのために塾を設立したい
My dream is to set up a new supplementary school for children who cannot afford to attend other supplementary ones.

具体化2 安価な授業、無料の参考書や自習室を開放したい
I would offer them classes at a low price, with many textbooks and study rooms for free.

69 仕事で給料以外に大切なこと

主張 やりがいを大切にしたい
The most important point is that I feel fulfilled in my work.

具体化1 困っている人を助けたい
I would like to help people who are in trouble. ⊞ ⑳

具体化2 思春期で思い悩む中学生、高校生を助けたい
I would like to help junior high or high school students who worry about many things. ⊞ ⑳

生徒に教育を届けたい I would like to educate students.

70 日本でのおすすめの過ごし方

解答案 海水浴 I recommend that they go to the beach while in Japan.

理由1 気持ちいい
It is very nice in summer in Japan.

理由2 最寄り駅までの電車賃だけで済む
They only have to pay the fare to the beach, and then they can spend all day there.

理由3 海で泳ぐ、日光浴、スイカ割り、花火を楽しむ
People enjoy swimming in the sea, soaking up the sun, and hitting watermelons wearing a blindfold.

29

便利な横断表現 のまとめ

便利な横断表現 ① 依存症

You can become addicted to **social media**. You cannot help using your cell phone all the time.

便利な横断表現 ② 犯罪に巻き込まれる恐れ

You might get involved in crimes through **social media**. You might get into trouble with people you come to know through social media.

便利な横断表現 ③ 情報検索機能

You can get a lot of information through **social media**. You can search for information that you want easily.

便利な横断表現 ④ コミュニケーション機能

Social media offers various communication tools. You can communicate with many people all over the world through social media.

便利な横断表現 ⑤ 自動運転車は飲酒運転を減らすことができる

Self-driving cars can reduce the number of drunk drivers. Even after you drink, you can go home safely in self-driving cars.

解答の筋道と論拠 第5章・便利な横断表現のまとめ

便利な横断表現 ⑥〉 経済の活性化

The Olympics will energize the economy. Many tourists will use money to eat and drink, to stay at hotels, and to buy souvenirs.

便利な横断表現 ⑦〉 治安の悪化

The areas around casinos will not be safe because of certain crimes. People will not walk around the areas peacefully.

便利な横断表現 ⑧〉 地域固有の文化を破壊

Globalization might destroy the local culture. As fast food chains offer very nice dishes cheaply, customers might rush in, and turn away from local restaurants.

便利な横断表現 ⑨〉 文化の多様性の認識

You can recognize cultural diversity. You can see your culture and views relatively by getting in touch with different cultures. You can realize the advantages and disadvantages of your own culture.

便利な横断表現 ⑩〉 心の充実

Reading books will make **you** more fulfilled. One book alone can tell you about someone's entire life. Another lets you experience an imaginary world.

便利な横断表現 ⑪ 〉 消費減退に苦しむ

This law would cause **people working in the tobacco industry** to suffer from consumer recession. There are many people involved in this industry.

便利な横断表現 ⑫ 〉 自由主義論

If **we** voluntarily decide to **sell and buy kidneys despite knowledge of the risks, we** should be allowed to do so. Otherwise, our freedom of choice and welfare would be limited unfairly.

便利な横断表現 ⑬ 〉 倫理観違反

It is unethical to **decide on human life and death artificially**. Allowing euthanasia means doctors get involved in killing people. They should not do that, but instead save and help people.

便利な横断表現 ⑭ 〉 高校入試での失敗

I failed the high school entrance examination. I was not able to pass the examination for the school of my first choice.

便利な横断表現 ⑮ 〉 友情・努力・勝利の大切さ

Japanese manga can teach **readers** the importance of friendship, effort, and victory. Such universal themes can enable them to identify with the characters.

便利な横断表現のまとめ

便利な横断表現 ⑯ 失敗から立ち上がって、前に進むことが大切

It is important to get up after failure and move forward. It is important not to lose out on possibilities, but to get up again, and keep on going.

便利な横断表現 ⑰ 企業による育児支援、父親の育児休暇奨励、会社内託児所の設置

Companies should help their employees raise their children. **They should also** promote paternity leave and set up day-care centers in their facilities.

便利な横断表現 ⑱ 原子力は極めて危険

Nuclear power is extremely dangerous. If major accidents happen at nuclear power plants, they have devastating effects on ecosystems in widespread areas.

便利な横断表現 ⑲ 再生可能エネルギーはきれいで環境にやさしい

Renewable energy sources are clean and eco-friendly. They can generate power more safely than nuclear power. Also, supplies of renewable energy sources are unlimited.

便利な横断表現 ⑳ 人助け

I would like to help those who are in trouble. I would like to help junior high or high school students who worry about many things.